最新法律文件解读丛书

行政与执行法律文件解读

XINGZHENG YU ZHIXING FALÜ WENJIAN JIEDU

人民法院出版社　编

总第238辑　2024.10

人民法院出版社

图书在版编目（CIP）数据

行政与执行法律文件解读. 总第238辑 / 人民法院出版社编. -- 北京 : 人民法院出版社, 2025. 1.
(最新法律文件解读丛书). -- ISBN 978-7-5109-4408-6

Ⅰ. D922.105

中国国家版本馆CIP数据核字第2024BF1436号

行政与执行法律文件解读・总第238辑

人民法院出版社　编

责任编辑　杨　洁

出版发行　人民法院出版社

地　　址　北京市东城区东交民巷27号　邮编　100745

电　　话　(010)67550656(责任编辑)　67550558(发行部查询)
65223677(读者服务部)

客服QQ　2092078039

网　　址　http://www.courtbook.com.cn

E-mail　courtbook@sina.com

印　　刷　三河市国英印务有限公司

经　　销　新华书店

开　　本　787毫米×1092毫米　1/16

字　　数　115千字

印　　张　8

版　　次　2025年1月第1版　　2025年1月第1次印刷

书　　号　ISBN 978-7-5109-4408-6

定　　价　28.00元

卷首语

2024年11月8日，第十四届全国人民代表大会常务委员会第十二次会议表决通过学前教育法，自2025年6月1日起施行。学前教育法聚焦解决学前教育深层次瓶颈问题，作出系统制度设计和规范，为进一步贯彻落实党中央、国务院决策部署，深化学前教育改革、推进学前教育规范发展提供了强有力的法治保障。本辑对该法及其答记者问予以收录。

最高人民法院行政审判庭已建立“七个一”联动对下指导机制。“七个一”即“一网一库一微一会一刊一书一讲堂”。“一讲堂”就是对于地方法院亟待解决的司法政策、司法理念、裁判标准等问题，通过开设“行政审判讲堂”进行立体联动，由最高人民法院行政庭同志通过视频方式答疑，以统一裁判理念和观点，努力实现四级法院类案同判。本书特开设“行政审判讲堂答疑”栏目，收录相关行政审判答疑内容，以供读者参考。

此外，本辑在“新类型疑难案例选评”栏目，收录了《案外人朱某、杨某诉申请人辛某、被执行人张某执行异议之诉案》一文。本文从一则执行异议之诉案出发，从实务角度细化分析并提出案外人基于协议产生的债权提出排除执行异议的审查规则，以期对审判实践有所裨益。

最新法律文件解读丛书
编　辑　部

兰丽专　　（010）67550626

丁丽娜　　（010）67550608

周　敏　　（010）67550562

杨　洁　　（010）67550562

路建华　　（010）67550660

丁塞峨　　（010）67550656

投稿邮箱：

《刑事法律文件解读》　xingshijiedu@ 163. com

《民事法律文件解读》　1216921515@ qq. com

《商事法律文件解读》　shangshijiedu@ 126. com

《行政与执行法律文件解读》　1290312696@ qq. com

目录

部门规章、规章性文件与解读

指导案例、典型案例与解读

行政审判讲堂答疑

新类型疑难案例选评

法律、法律性文件与解读

中华人民共和国学前教育法

(2024 年 11 月 8 日第十四届全国人民代表大会常务委员会第十二次会议通过
2024 年 11 月 8 日中华人民共和国主席令第三十四号公布
自 2025 年 6 月 1 日起施行)

目　录

第一章　总　　则

第一条　为了保障适龄儿童接受学前教育，规范学前教育实施，促进学前教育普及普惠安全优质发展，提高全民族素质，根据宪法，制定本法。

第二条 在中华人民共和国境内实施学前教育，适用本法。

本法所称学前教育，是指由幼儿园等学前教育机构对三周岁到入小学前的儿童（以下称学前儿童）实施的保育和教育。

第三条 国家实行学前教育制度。

学前教育是国民教育体系的组成部分，是重要的社会公益事业。

第四条 学前教育应当坚持中国共产党的领导，坚持社会主义办学方向，贯彻国家的教育方针。

学前教育应当落实立德树人根本任务，培育社会主义核心价值观，继承和弘扬中华优秀传统文化、革命文化、社会主义先进文化，培育中华民族共同体意识，为培养德智体美劳全面发展的社会主义建设者和接班人奠定基础。

第五条 国家建立健全学前教育保障机制。

发展学前教育坚持政府主导，以政府举办为主，大力发展普惠性学前教育，鼓励、引导和规范社会力量参与。

第六条 国家推进普及学前教育，构建覆盖城乡、布局合理、公益普惠、安全优质的学前教育公共服务体系。

各级人民政府应当依法履行职责，合理配置资源，缩小城乡之间、区域之间学前教育发展差距，为适龄儿童接受学前教育提供条件和支持。

国家采取措施，倾斜支持农村地区、革命老区、民族地区、边疆地区和欠发达地区发展学前教育事业；保障适龄的家庭经济困难儿童、孤儿、残疾儿童和农村留守儿童等接受普惠性学前教育。

第七条 全社会应当为适龄儿童接受学前教育、健康快乐成长创造良好环境。

第八条 国务院领导全国学前教育工作。

省级人民政府和设区的市级人民政府统筹本行政区域内学前教育工作，健全投入机制，明确分担责任，制定政策并组织实施。

县级人民政府对本行政区域内学前教育发展负主体责任，负责制定本地学前教育发展规划，统筹幼儿园建设、运行，加强公办幼儿园教师配备补充和工资待遇保障，对幼儿园进行监督管理。

乡镇人民政府、街道办事处应当支持本辖区内学前教育发展。

第九条 县级以上人民政府教育行政部门负责学前教育管理和业务指导工作，配备相应的管理和教研人员。县级以上人民政府卫生健康行政部门、疾病预防控制部门按照职责分工负责监督指导幼儿园卫生保健工作。

县级以上人民政府其他有关部门在各自职责范围内负责学前教育管理工作，履行规划制定、资源配置、经费投入、人员配备、待遇保障、幼儿园登记等方面的责任，依法加强对幼儿园举办、教职工配备、收费行为、经费使用、财务管理、安全保卫、食品安全等方面的监管。

第十条 国家鼓励和支持学前教育、儿童发展、特殊教育方面的科学研究，推广研究成果，宣传、普及科学的教育理念和方法。

第十一条 国家鼓励创作、出版、制作和传播有利于学前儿童健康成长的图书、玩具、音乐作品、音像制品等。

第十二条 对在学前教育工作中做出突出贡献的单位和个人，按照国家有关规定给予表彰、奖励。

第二章 学前儿童

第十三条 学前儿童享有生命安全和身心健康、得到尊重和保护照料、依法平等接受学前教育等权利。

学前教育应当坚持最有利于学前儿童的原则，给予学前儿童特殊、优先保护。

第十四条 实施学前教育应当从学前儿童身心发展特点和利益出发，尊重学前儿童人格尊严，倾听、了解学前儿童的意见，平等对待每一个学前儿童，鼓励、引导学前儿童参与家庭、社会和文化生活，促进学前儿童获得全面发展。

第十五条 地方各级人民政府应当采取措施，推动适龄儿童在其父母或者其他监护人的工作或者居住的地区方便就近接受学前教育。

学前儿童入幼儿园接受学前教育，除必要的身体健康检查外，幼儿园不得对其组织任何形式的考试或者测试。

学前儿童因特异体质、特定疾病等有特殊需求的，父母或者其他监护人应当及时告知幼儿园，幼儿园应当予以特殊照顾。

第十六条 父母或者其他监护人应当依法履行抚养与教育儿童的义务，为适龄儿童接受学前教育提供必要条件。

父母或者其他监护人应当尊重学前儿童身心发展规律和年龄特点，创造良好家庭环境，促进学前儿童健康成长。

第十七条 普惠性幼儿园应当接收能够适应幼儿园生活的残疾儿童入园，并为其提供帮助和便利。

父母或者其他监护人与幼儿园就残疾儿童入园发生争议的，县级人民政府教育行政部门应当会同卫生健康行政部门等单位组织对残疾儿童的身体状况、接受教育和适应幼儿园生活能力等进行全面评估，并妥善解决。

第十八条 青少年宫、儿童活动中心、图书馆、博物馆、文化馆、美术馆、科技馆、纪念馆、体育场馆等公共文化服务机构和爱国主义教育基地应当提供适合学前儿童身心发展的公益性教育服务，并按照有关规定对学前儿童免费开放。

第十九条 任何单位和个人不得组织学前儿童参与违背学前儿童身心发展规律或者与年龄特点不符的商业性活动、竞赛类活动和其他活动。

第二十条 面向学前儿童的图书、玩具、音像制品、电子产品、网络教育产品和服务等，应当符合学前儿童身心发展规律和年龄特点。

家庭和幼儿园应当教育学前儿童正确合理使用网络和电子产品，控制其使用时间。

第二十一条 学前儿童的名誉、隐私和其他合法权益受法律保护，任何单位和个人不得侵犯。

幼儿园及其教职工等单位和个人收集、使用、提供、公开或者以其他方式处理学前儿童个人信息，应当取得其父母或者其他监护人的同意，遵守有关法律法规的规定。

涉及学前儿童的新闻报道应当客观、审慎和适度。

第三章 幼儿园

第二十二条 县级以上地方人民政府应当统筹当前和长远，根据人口变化和城镇化发展趋势，科学规划和配置学前教育资源，有效满足需求，避免浪费资源。

第二十三条 各级人民政府应当采取措施，扩大普惠性学前教育资源供给，提高学前教育质量。

公办幼儿园和普惠性民办幼儿园为普惠性幼儿园，应当按照有关规定提供普惠性学前教育服务。

第二十四条 各级人民政府应当利用财政性经费或者国有资产等举办或者支持举办公办幼儿园。

各级人民政府依法积极扶持和规范社会力量举办普惠性民办幼

儿园。

普惠性民办幼儿园接受政府扶持，收费实行政府指导价管理。非营利性民办幼儿园可以向县级人民政府教育行政部门申请认定为普惠性民办幼儿园，认定标准由省级人民政府或者其授权的设区的市级人民政府制定。

第二十五条 县级以上地方人民政府应当以县级行政区划为单位制定幼儿园布局规划，将普惠性幼儿园建设纳入城乡公共管理和公共服务设施统一规划，并按照非营利性教育用地性质依法以划拨等方式供地，不得擅自改变用途。

县级以上地方人民政府应当按照国家有关规定，结合本地实际，在幼儿园布局规划中合理确定普惠性幼儿园覆盖率。

第二十六条 新建居住区等应当按照幼儿园布局规划等相关规划和标准配套建设幼儿园。配套幼儿园应当与首期建设的居住区同步规划、同步设计、同步建设、同步验收、同步交付使用。建设单位应当按照有关规定将配套幼儿园作为公共服务设施移交地方人民政府，用于举办普惠性幼儿园。

现有普惠性幼儿园不能满足本区域适龄儿童入园需求的，县级人民政府应当通过新建、扩建以及利用公共设施改建等方式统筹解决。

第二十七条 地方各级人民政府应当构建以公办幼儿园为主的农村学前教育公共服务体系，保障农村适龄儿童接受普惠性学前教育。

县级人民政府教育行政部门可以委托乡镇中心幼儿园对本乡镇其他幼儿园开展业务指导等工作。

第二十八条 县级以上地方人民政府应当根据本区域内残疾儿童的数量、分布状况和残疾类别，统筹实施多种形式的学前特殊教育，推进融合教育，推动特殊教育学校和有条件的儿童福利机构、残疾儿童康复机构增设学前部或者附设幼儿园。

第二十九条 设立幼儿园，应当具备下列基本条件：

（一）有组织机构和章程；

（二）有符合规定的幼儿园园长、教师、保育员、卫生保健人员、安全保卫人员和其他工作人员；

（三）符合规定的选址要求，设置在安全区域内；

（四）符合规定的规模和班额标准；

（五）有符合规定的园舍、卫生室或者保健室、安全设施设备及户外场地；

（六）有必备的办学资金和稳定的经费来源；

（七）卫生评价合格；

（八）法律法规规定的其他条件。

第三十条 设立幼儿园经县级人民政府教育行政部门依法审批、取得办学许可证后，依照有关法律、行政法规的规定进行相应法人登记。

第三十一条 幼儿园变更、终止的，应当按照有关规定提前向县级人民政府教育行政部门报告并向社会公告，依法办理相关手续，妥善安置在园儿童。

第三十二条 学前教育机构中的中国共产党基层组织，按照中国共产党章程开展党的活动，加强党的建设。

公办幼儿园的基层党组织统一领导幼儿园工作，支持园长依法行使职权。民办幼儿园的内部管理体制按照国家有关民办教育的规定确定。

第三十三条 幼儿园应当保障教职工依法参与民主管理和监督。

幼儿园应当设立家长委员会，家长委员会可以对幼儿园重大事项决策和关系学前儿童切身利益的事项提出意见和建议，对幼儿园保育教育工作和日常管理进行监督。

第三十四条 任何单位和个人不得利用财政性经费、国有资产、集体资产或者捐赠资产举办或者参与举办营利性民办幼儿园。

公办幼儿园不得转制为民办幼儿园。公办幼儿园不得举办或者参与举办营利性民办幼儿园和其他教育机构。

以中外合作方式设立幼儿园，应当符合外商投资和中外合作办学有关法律法规的规定。

第三十五条 社会资本不得通过兼并收购等方式控制公办幼儿园、非营利性民办幼儿园。

幼儿园不得直接或者间接作为企业资产在境内外上市。上市公司不得通过股票市场融资投资营利性民办幼儿园，不得通过发行股份或者支付现金等方式购买营利性民办幼儿园资产。

第四章 教职工

第三十六条 幼儿园教师应当爱护儿童，具备优良品德和专业能力，为人师表，忠诚于人民的教育事业。

全社会应当尊重幼儿园教师。

第三十七条 担任幼儿园教师应当取得幼儿园教师资格；已取得其他教师资格并经县级以上地方人民政府教育行政部门组织的学前教育专业培训合格的，可以在幼儿园任教。

第三十八条 幼儿园园长由其举办者或者决策机构依法任命或者聘任，并报县级人民政府教育行政部门备案。

幼儿园园长应当具有本法第三十七条规定的教师资格、大学专科以上学历、五年以上幼儿园教师或者幼儿园管理工作经历。

国家推行幼儿园园长职级制。幼儿园园长应当参加县级以上地方人民政府教育行政部门组织的园长岗位培训。

第三十九条 保育员应当具有国家规定的学历，并经过幼儿保育职业培训。

卫生保健人员包括医师、护士和保健员，医师、护士应当取得相应执业资格，保健员应当具有国家规定的学历，并经过卫生保健专业知识培训。

幼儿园其他工作人员的任职资格条件，按照有关规定执行。

第四十条 幼儿园教师职务（职称）分为初级、中级和高级。

幼儿园教师职务（职称）评审标准应当符合学前教育的专业特点和要求。

幼儿园卫生保健人员中的医师、护士纳入卫生专业技术人员职称系列，由人力资源社会保障、卫生健康行政部门组织评审。

第四十一条 国务院教育行政部门会同有关部门制定幼儿园教职工配备标准。地方各级人民政府及有关部门按照相关标准保障公办幼儿园及时补充教师，并应当优先满足农村地区、革命老区、民族地区、边疆地区和欠发达地区公办幼儿园的需要。幼儿园及其举办者应当按照相关标准配足配齐教师和其他工作人员。

第四十二条 幼儿园园长、教师、保育员、卫生保健人员、安全保卫人员和其他工作人员应当遵守法律法规和职业道德规范，尊重、爱护和平等对待学前儿童，不断提高专业素养。

第四十三条 幼儿园应当与教职工依法签订聘用合同或者劳动合同，并将合同信息报县级人民政府教育行政部门备案。

第四十四条 幼儿园聘任（聘用）园长、教师、保育员、卫生保健人员、安全保卫人员和其他工作人员时，应当向教育、公安等有关部门查询应聘者是否具有虐待、性侵害、性骚扰、拐卖、暴力伤害、吸毒、赌博等违法犯罪记录；发现其有前述行为记录，或者有酗酒、严重违反师德师风行为等其他可能危害儿童身心安全情形的，不得聘任（聘用）。

幼儿园发现在岗人员有前款规定可能危害儿童身心安全情形的，应当立即停止其工作，依法与其解除聘用合同或者劳动合同，并向县级人民政府教育行政部门进行报告；县级人民政府教育行政部门可以将其纳入从业禁止人员名单。

有本条第一款规定可能危害儿童身心安全情形的个人不得举办幼儿园；已经举办的，应当依法变更举办者。

第四十五条 幼儿园应当关注教职工的身体、心理状况。幼儿园园长、教师、保育员、卫生保健人员、安全保卫人员和其他工作人员，应当在入职前和入职后每年进行健康检查。

第四十六条 幼儿园及其举办者应当按照国家规定保障教师和其他工作人员的工资福利，依法缴纳社会保险费，改善工作和生活条件，实行同工同酬。

县级以上地方人民政府应当将公办幼儿园教师工资纳入财政保障范围，统筹工资收入政策和经费支出渠道，确保教师工资及时足额发放。民办幼儿园可以参考当地公办幼儿园同类教师工资收入水平合理确定教师薪酬标准，依法保障教师工资待遇。

第四十七条 幼儿园教师在职称评定、岗位聘任（聘用）等方面享有与中小学教师同等的待遇。

符合条件的幼儿园教师按照有关规定享受艰苦边远地区津贴、乡镇工作补贴等津贴、补贴。

承担特殊教育任务的幼儿园教师按照有关规定享受特殊教育津贴。

第四十八条 国务院教育行政部门应当制定高等学校学前教育专业设置标准、质量保证标准和课程教学标准体系，组织实施学前教育专业质量认证，建立培养质量保障机制。

省级人民政府应当根据普及学前教育的需要，制定学前教育师资培养规划，支持高等学校设立学前教育专业，合理确定培养规模，提高培养层次和培养质量。

制定公费师范生培养计划，应当根据学前教育发展需要专项安排学前教育专业培养计划。

第四十九条　县级以上人民政府教育、卫生健康等有关部门应当按照职责分工制定幼儿园园长、教师、保育员、卫生保健人员等工作人员培训规划，建立培训支持服务体系，开展多种形式的专业培训。

第五章　保育教育

第五十条　幼儿园应当坚持保育和教育相结合的原则，面向全体学前儿童，关注个体差异，注重良好习惯养成，创造适宜的生活和活动环境，有益于学前儿童身心健康发展。

第五十一条　幼儿园应当把保护学前儿童安全放在首位，对学前儿童在园期间的人身安全负有保护责任。

幼儿园应当落实安全责任制相关规定，建立健全安全管理制度和安全责任制度，完善安全措施和应急反应机制，按照标准配备安全保卫人员，及时排查和消除火灾等各类安全隐患。幼儿园使用校车的，应当符合校车安全管理相关规定，保护学前儿童安全。

幼儿园应当按照国家有关规定投保校方责任保险。

第五十二条　幼儿园发现学前儿童受到侵害、疑似受到侵害或者面临其他危险情形的，应当立即采取保护措施，并向公安、教育等有关部门报告。

幼儿园发生突发事件等紧急情况，应当优先保护学前儿童人身安全，立即采取紧急救助和避险措施，并及时向有关部门报告。

发生前两款情形的，幼儿园应当及时通知学前儿童父母或者其他监护人。

第五十三条　幼儿园应当建立科学合理的一日生活制度，保证户外活动时间，做好儿童营养膳食、体格锻炼、全日健康观察、食品安全、卫生与消毒、传染病预防与控制、常见病预防等卫生保健管理工作，加强健康教育。

第五十四条 招收残疾儿童的幼儿园应当配备必要的康复设施、设备和专业康复人员，或者与其他具有康复设施、设备和专业康复人员的特殊教育机构、康复机构合作，根据残疾儿童实际情况开展保育教育。

第五十五条 国务院教育行政部门制定幼儿园教育指导纲要和学前儿童学习与发展指南，地方各级人民政府教育行政部门依据职责组织实施，加强学前教育教学研究和业务指导。

幼儿园应当按照国家有关规定，科学实施符合学前儿童身心发展规律和年龄特点的保育和教育活动，不得组织学前儿童参与商业性活动。

第五十六条 幼儿园应当以学前儿童的生活为基础，以游戏为基本活动，发展素质教育，最大限度支持学前儿童通过亲近自然、实际操作、亲身体验等方式探索学习，促进学前儿童养成良好的品德、行为习惯、安全和劳动意识，健全人格、强健体魄，在健康、语言、社会、科学、艺术等各方面协调发展。

幼儿园应当以国家通用语言文字为基本保育教育语言文字，加强学前儿童普通话教育，提高学前儿童说普通话的能力。

第五十七条 幼儿园应当配备符合相关标准的玩教具和幼儿图书。

在幼儿园推行使用的课程教学类资源应当经依法审定，具体办法由国务院教育行政部门制定。

幼儿园应当充分利用家庭、社区的教育资源，拓展学前儿童生活和学习空间。

第五十八条 幼儿园应当主动与父母或者其他监护人交流学前儿童身心发展状况，指导家庭科学育儿。

父母或者其他监护人应当积极配合、支持幼儿园开展保育和教育活动。

第五十九条 幼儿园与小学应当互相衔接配合，共同帮助儿童做好入学准备和入学适应。

幼儿园不得采用小学化的教育方式，不得教授小学阶段的课程，防止保育和教育活动小学化。小学坚持按照课程标准零起点教学。

校外培训机构等其他任何机构不得对学前儿童开展半日制或者全日制培训，不得教授学前儿童小学阶段的课程。

第六章 投入保障

第六十条 学前教育实行政府投入为主、家庭合理负担保育教育成本、多渠道筹措经费的投入机制。

各级人民政府应当优化教育财政投入支出结构，加大学前教育财政投入，确保财政性学前教育经费在同级财政性教育经费中占合理比例，保障学前教育事业发展。

第六十一条 学前教育财政补助经费按照中央与地方财政事权和支出责任划分原则，分别列入中央和地方各级预算。中央财政通过转移支付对地方统筹给予支持。省级人民政府应当建立本行政区域内各级人民政府财政补助经费分担机制。

第六十二条 国务院和省级人民政府统筹安排学前教育资金，重点扶持农村地区、革命老区、民族地区、边疆地区和欠发达地区发展学前教育。

第六十三条 地方各级人民政府应当科学核定普惠性幼儿园办园成本，以提供普惠性学前教育服务为衡量标准，统筹制定财政补助和收费政策，合理确定分担比例。

省级人民政府制定并落实公办幼儿园生均财政拨款标准或者生均公

用经费标准，以及普惠性民办幼儿园生均财政补助标准。其中，残疾学前儿童的相关标准应当考虑保育教育和康复需要适当提高。

有条件的地方逐步推进实施免费学前教育，降低家庭保育教育成本。

第六十四条 地方各级人民政府应当通过财政补助、购买服务、减免租金、培训教师、教研指导等多种方式，支持普惠性民办幼儿园发展。

第六十五条 国家建立学前教育资助制度，为家庭经济困难的适龄儿童等接受普惠性学前教育提供资助。

第六十六条 国家鼓励自然人、法人和非法人组织通过捐赠、志愿服务等方式支持学前教育事业。

第七章 监督管理

第六十七条 县级以上人民政府及其有关部门应当建立健全幼儿园安全风险防控体系，强化幼儿园周边治安管理和巡逻防控工作，加强对幼儿园安全保卫的监督指导，督促幼儿园加强安全防范建设，及时排查和消除安全隐患，依法保障学前儿童与幼儿园安全。

禁止在幼儿园内及周边区域建设或者设置有危险、有污染的建筑物和设施设备。

第六十八条 省级人民政府或者其授权的设区的市级人民政府根据办园成本、经济发展水平和群众承受能力等因素，合理确定公办幼儿园和非营利性民办幼儿园的收费标准，并建立定期调整机制。

县级以上地方人民政府及有关部门应当加强对幼儿园收费的监管，必要时可以对收费实行市场调节价的营利性民办幼儿园开展成本调查，引导合理收费，遏制过高收费。

第六十九条 幼儿园收取的费用应当主要用于保育和教育活动、保障教职工待遇、促进教职工发展和改善办园条件。学前儿童伙食费应当专款专用。

幼儿园应当执行收费公示制度，收费项目和标准、服务内容、退费规则等应当向家长公示，接受社会监督。

幼儿园不得违反有关规定收取费用，不得向学前儿童及其家长组织征订教学材料，推销或者变相推销商品、服务等。

第七十条 幼儿园应当依法建立健全财务、会计及资产管理制度，严格经费管理，合理使用经费，提高经费使用效益。

幼儿园应当按照有关规定实行财务公开，接受社会监督。县级以上人民政府教育等有关部门应当加强对公办幼儿园的审计。民办幼儿园每年应当依法进行审计，并向县级人民政府教育行政部门提交经审计的财务会计报告。

第七十一条 县级以上人民政府及其有关部门应当建立健全学前教育经费预算管理和审计监督制度。

任何单位和个人不得侵占、挪用学前教育经费，不得向幼儿园非法收取或者摊派费用。

第七十二条 县级人民政府教育行政部门应当建立健全各类幼儿园基本信息备案及公示制度，利用互联网等方式定期向社会公布并更新政府学前教育财政投入、幼儿园规划举办等方面信息，以及各类幼儿园的教师和其他工作人员的资质和配备、招生、经费收支、收费标准、保育教育质量等方面信息。

第七十三条 县级以上人民政府教育督导机构对学前教育工作执行法律法规情况、保育教育工作等进行督导。督导报告应当定期向社会公开。

第七十四条 国务院教育行政部门制定幼儿园保育教育质量评估指

南。省级人民政府教育行政部门应当完善幼儿园质量评估标准，健全幼儿园质量评估监测体系，将各类幼儿园纳入质量评估范畴，并向社会公布评估结果。

第八章　法律责任

第七十五条　地方各级人民政府及有关部门有下列情形之一的，由上级机关或者有关部门按照职责分工责令限期改正；情节严重的，对负有责任的领导人员和直接责任人员依法给予处分：

（一）未按照规定制定、调整幼儿园布局规划，或者未按照规定提供普惠性幼儿园建设用地；

（二）未按照规定规划居住区配套幼儿园，或者未将新建居住区配套幼儿园举办为普惠性幼儿园；

（三）利用财政性经费、国有资产、集体资产或者捐赠资产举办或者参与举办营利性民办幼儿园，或者改变、变相改变公办幼儿园性质；

（四）未按照规定制定并落实公办幼儿园生均财政拨款标准或者生均公用经费标准、普惠性民办幼儿园生均财政补助标准；

（五）其他未依法履行学前教育管理和保障职责的情形。

第七十六条　地方各级人民政府及教育等有关部门的工作人员违反本法规定，滥用职权、玩忽职守、徇私舞弊的，依法给予处分。

第七十七条　居住区建设单位未按照规定建设、移交配套幼儿园，或者改变配套幼儿园土地用途的，由县级以上地方人民政府自然资源、住房和城乡建设、教育等有关部门按照职责分工责令限期改正，依法给予处罚。

第七十八条　擅自举办幼儿园或者招收学前儿童实施半日制、全日制培训的，由县级人民政府教育等有关部门依照《中华人民共和国教育法》、《中华人民共和国民办教育促进法》的规定予以处理；对非法举办幼儿园的单位和个人，根据情节轻重，五至十年内不受理其举办幼儿园或者其他教育机构的申请。

第七十九条 幼儿园有下列情形之一的，由县级以上地方人民政府教育等有关部门按照职责分工责令限期改正，并予以警告；有违法所得的，退还所收费用后没收违法所得；情节严重的，责令停止招生、吊销办学许可证：

（一）组织入园考试或者测试；

（二）因管理疏忽或者放任发生体罚或者变相体罚、歧视、侮辱、虐待、性侵害等危害学前儿童身心安全的行为；

（三）未依法加强安全防范建设、履行安全保障责任，或者未依法履行卫生保健责任；

（四）使用未经审定的课程教学类资源；

（五）采用小学化的教育方式或者教授小学阶段的课程；

（六）开展与学前儿童身心发展规律、年龄特点不符的活动，或者组织学前儿童参与商业性活动；

（七）未按照规定配备幼儿园教师或者其他工作人员；

（八）违反规定收取费用；

（九）克扣、挪用学前儿童伙食费。

依照前款规定被吊销办学许可证的幼儿园，应当妥善安置在园儿童。

第八十条 幼儿园教师或者其他工作人员有下列情形之一的，由所在幼儿园或者县级人民政府教育等有关部门根据情节轻重，依法给予当事人、幼儿园负责人处分，解除聘用合同或者劳动合同；由县级人民政府教育行政部门禁止其一定期限内直至终身从事学前教育工作或者举办幼儿园；情节严重的，吊销其资格证书：

（一）体罚或者变相体罚儿童；

（二）歧视、侮辱、虐待、性侵害儿童；

（三）违反职业道德规范或者危害儿童身心安全，造成不良后果。

第八十一条 在学前教育活动中违反本法规定的行为，本法未规定法律责任，《中华人民共和国教育法》、《中华人民共和国未成年人保护法》、《中华人民共和国劳动法》等法律、行政法规有规定的，依照其规定。

第八十二条 违反本法规定，侵害学前儿童、幼儿园、教职工合法权益，造成人身损害或者财产损失的，依法承担民事责任；构成违反治安管理行为的，依法给予治安管理处罚；构成犯罪的，依法追究刑事责任。

第九章 附 则

第八十三条 小学、特殊教育学校、儿童福利机构、残疾儿童康复机构等附设的幼儿班等学前教育机构适用本法有关规定。

军队幼儿园的管理，依照本法和军队有关规定执行。

第八十四条 鼓励有条件的幼儿园开设托班，提供托育服务。

幼儿园提供托育服务的，依照有关法律法规和国家有关规定执行。

第八十五条 本法自 2025 年 6 月 1 日起施行。

教育部有关司局负责人就学前教育法答记者问

2024年11月8日，第十四届全国人民代表大会常务委员会第十二次会议表决通过学前教育法，自2025年6月1日起施行。教育部有关司局负责人就学前教育法有关问题回答了记者的提问。

问：请介绍一下学前教育法的制定背景和过程。

答：学前教育是国民教育体系的组成部分，是重要的社会公益事业，关系亿万儿童健康成长。党中央、国务院高度重视学前教育改革发展。习近平总书记多次作出重要指示批示，在全国教育大会上强调“坚持以人民为中心、不断提升教育公共服务的普惠性、可及性、便捷性”①，要求促进学前教育普及普惠发展。党的二十大和二十届三中全会对强化学前教育普惠发展、健全学前教育保障机制作出专门部署。近年来，学前教育得到快速发展，但仍是国民教育体系的薄弱环节，需要通过立法，把党对学前教育的主张转化为国家意志，把实践成果上升为法律制度，用法治方式破解突出问题，为学前教育高质量发展提供法治保障。《中共中央 国务院关于学前教育深化改革规范发展的若干意见》明确提出，要制定学前教育法。全国人大常委会将制定学前教育法列入

① 《习近平在全国教育大会上强调：紧紧围绕立德树人根本任务 朝着建成教育强国战略目标扎实迈进》，载《人民日报》2024年9月11日第1版。

立法规划。2021年4月，教育部研究形成学前教育法草案并报请国务院审议。2023年6月，国务院第7次常务会议讨论并原则通过学前教育法草案，将该草案提请全国人大常委会审议。2023年8月以来，学前教育法先后经十四届全国人大常委会第五次会议、第十次会议、第十二次会议审议，于2024年11月8日表决通过。

问：请介绍一下我国学前教育发展情况。

答：党的十八大以来，教育部认真贯彻落实党中央、国务院决策部署，会同相关部门连续实施四期学前教育行动计划，中央财政设立支持学前教育发展专项资金，推动各地扩资源、调结构、建机制、提质量，构建起公益普惠的学前教育公共服务体系，学前教育实现了历史性跨越发展。一是普及水平大幅提高。2023年，全国幼儿园数为27.4万所，在园幼儿数4093万人，学前三年毛入园率达91.1%，比2012年提高26.6%，达到世界高收入国家平均水平。二是普惠程度不断提升。2023年，全国普惠性幼儿园数为23.6万所，在园幼儿数3717万人，普惠性幼儿园覆盖率达90.8%，比2016年提高23.5%（2016年开始统计这一指标），绝大多数幼儿都能在普惠性幼儿园就读。三是教师队伍不断加强。2023年，全国幼儿园园长和专任教师数为334万人，生师比从2012年的24.9：1下降到2023年的13.3：1。专科以上学历园长及专任教师占比为93.1%，比2012年提高了26.7%，学历结构进一步优化。但总体上看，学前教育仍是各级教育的薄弱环节，发展不平衡、不充分的矛盾依然突出，资源结构性短缺，投入保障、师资队伍建设、规范监管等方面的体制机制仍不完善。学前教育法聚焦解决学前教育深层次瓶颈问题，作出系统制度设计和规范，为进一步贯彻落实党中央、国务院决策部署，深化学前教育改革、推进学前教育规范发展提供了强有力的法治保障。

问：如何理解学前教育的法律属性和定位？

答：学前教育法规定，学前教育是国民教育体系的组成部分，是重要的社会公益事业；学前教育是指由幼儿园等学前教育机构对三周岁到入小学前的学前儿童实施的保育和教育。从教育性质看，学前教育是学校教育的组成部分。教育法规定，国家实行学前教育、初等教育、中等教育、高等教育的学校教育制度。实践中，以幼儿园为主实施学前教育。从教育对象看，学前教育主要针对三周岁以上到入小学前的适龄儿童，即3—6岁幼儿。3—6岁幼儿已具备了一定的独立生活能力，可以进入集体生活，这个阶段的学前教育可以有比较明确的目标和标准，与照护有本质的区别。0—3岁婴幼儿不具备自理能力，以家庭养育和教育为主。从教育方式看，学前教育坚持保育和教育相结合。保育重在通过提供良好的膳食营养、体格锻炼、卫生保健、安全防护等，保护和增进幼儿身心健康。教育重在落实以游戏为基本活动，创设丰富的教育环境，将教育渗透在一日生活和游戏中，促进幼儿身心全面发展。

问：学前教育的发展原则是什么？

答：学前教育法规定，学前教育坚持中国共产党的领导，坚持社会主义办学方向，贯彻国家的教育方针，落实立德树人根本任务，为培养德智体美劳全面发展的社会主义建设者和接班人奠定基础。发展学前教育，要把握以下原则：一是政府主导。法律强化各级政府在学前教育规划、投入、教师队伍建设、监管等方面的责任，完善各有关部门分工负责、齐抓共管的工作机制，突出政府发展学前教育的主导作用。二是公益普惠。学前教育是重要的社会公益事业，要牢牢把握公益普惠基本方向，以政府举办为主，大力发展普惠性学前教育，让学前教育改革发展成果更多更公平惠及全体人民。三是儿童中心。法律规定了学前儿童享有的各项权利，强调要坚持最有利于学前儿童的原则，从学前儿童身心发展特点和规律出发，科学实施保育和教育。四是多元参与。办好学前教育，是全社会的共同责任。法律明确了政府、幼儿园、家庭、公共文化服务机构、相关产品和服务提供者、新闻媒体等各方面的责任，努力营造学前儿童健康成长的良好环境。

问：学前教育实行什么管理体制？

答：学前教育法第八条、第九条规定了学前教育的管理体制。具体来讲，学前教育实行国务院领导、省级人民政府和设区的市级人民政府统筹、以县级人民政府为主、乡镇人民政府和街道参与的管理体制。同时，法律明确县级以上人民政府教育行政部门负责学前教育管理和业务指导工作，配备相应的管理和教研人员。县级以上人民政府卫生健康行政部门、疾病预防控制部门按照职责分工负责监督指导幼儿园卫生保健工作。县级以上人民政府其他有关部门在各自职责范围内负责学前教育管理工作，履行规划制定、资源配置、经费投入、人员配备、待遇保障、幼儿园登记等方面的责任，依法加强对幼儿园举办、教职工配备、收费行为、经费使用、财务管理、安全保卫、食品安全等方面的监管。

问：学前教育法对促进学前教育普及普惠发展有哪些规定？

答：促进学前教育普及普惠发展是党中央作出的重大决策部署，也是坚持以人民为中心发展学前教育，让学前教育改革发展成果更多更公平惠及全体人民的必然要求。学前教育法强化落实政府责任，坚持促进学前教育普及普惠的立法导向，作出了一系列规定。一是明确发展原则，规定国家推进普及学前教育，构建覆盖城乡、布局合理、公益普惠、安全优质的学前教育公共服务体系。二是加大普惠资源供给，规定各级人民政府应当采取措施，扩大普惠性学前教育资源供给；政府要通过直接举办公办幼儿园、支持国有企事业单位等其他公有主体举办公办幼儿园、扶持和规范社会力量举办普惠性民办幼儿园等方式，促进学前教育普惠发展。三是强化投入保障，规定学前教育实行政府投入为主、家庭合理负担保育教育成本、多渠道筹措经费的投入机制，学前教育财政补助经费要列入中央和地方各级预算，强调各级人民政府要加大学前教育财政投入，确保财政性学前教育经费在同级财政性教育经费中占合理比例，有条件的地方逐步推进实施免费学前教育。四是关注特殊地区和群体，规定国家采取措施，倾斜支持农村地区、革命老区、民族地区、边疆地区和欠发达地区发展学前教育事业；保障适龄的家庭经济困难儿童、孤儿、残疾儿童和农村留守儿童等接受普惠性学前教育。五是明确法律责任，规定了有关主体未按照规定提供普惠性幼儿园建设用地、未将新建居住区配套幼儿园举办为普惠性幼儿园等行为应当承担的法律责任。

问：学前教育法对保障学前儿童权益有哪些规定？

答：学前教育法专设“学前儿童”一章，对全面、全员、全过程保障学前儿童权益作出规定。一是明确保护学前儿童享有的各项权益，规定学前儿童享有生命安全和身心健康、得到尊重和保护照料、依法平等接受学前教育等权利，要求学前教育应当坚持最有利于学前儿童的原则，给予学前儿童特殊、优先保护；规定学前儿童的名誉、隐私和其他合法权益受法律保护。二是明确相关责任主体的保障义务，规定国家保障适龄的家庭经济困难儿童、孤儿、残疾儿童和农村留守儿童等接受普惠性学前教育；要求各级人民政府要为适龄儿童接受学前教育提供条件和支持，幼儿园要科学实施保育和教育，幼儿园教师应当爱护儿童，父母或者其他监护人要依法履行抚养与教育儿童的义务，全社会应当为适龄儿童接受学前教育、健康快乐成长创造良好环境。三是明确多种保障措施，规定实施学前教育应当从学前儿童身心发展特点和利益出发；除必要的身体健康检查外，不得组织任何形式的考试或者测试；普惠性幼儿园要接收能够适应幼儿园生活的残疾儿童入园；幼儿园变更、终止的，要妥善安置在园儿童；要求幼儿园应当落实安全责任制相关规定、投保校方责任保险、落实强制报告制度、从业禁止制度，招收残疾儿童的幼儿园应当配备必要的康复设施、设备和专业康复人员。

问：学前教育法对幼儿园的规划和举办有哪些要求？

答：学前教育法专设“幼儿园”一章，对幼儿园的规划和举办作出规定。在规划布局上，规定以县为单位制定幼儿园布局规划，科学配置学前教育资源；在农村构建以公办幼儿园为主的学前教育公共服务体系，在城镇首期建设的居住区“同步规划、同步设计、同步建设、同步验收、同步交付使用”配套幼儿园，用于举办普惠性幼儿园，确保有效满足需求的同时，避免资源浪费。在举办条件上，规定设立幼儿园应当具备组织机构和章程，有符合规定的园长、教师、保育员、卫生保健人员等工作人员，符合规定的选址要求、规模和班额标准、园舍、设施设备及户外场地等基本条件，确保规范举办。在审批管理上，规定设立幼儿园应经县级教育行政部门依法审批，取得办学许可证后，依法进行法人登记。在举办限制上，规定任何单位和个人不得利用财政性经费、国有资产、集体资产或者捐赠资产举办或者参与举办营利性民办幼儿园。公办幼儿园不得转制为民办幼儿园。社会资本不得通过兼并收购等方式控制公办幼儿园、非营利性民办幼儿园，幼儿园不得作为企业资产在境内外上市。

问：如何理解“鼓励有条件的幼儿园开设托班，提供托育服务”？

答：幼儿园提供托育服务是学前教育服务国家人口战略，优化生育支持政策的重要举措。实践中，低龄幼儿自理能力更弱，需要的安全保障更高，幼儿园提供托育服务要坚持积极稳妥原则，既要助力减轻家庭负担，又要避免不顾条件、一哄而上带来安全和质量问题，重点应把握以下要求：首先，要按法定要求先实现普及普惠目标，尚未实现学前教育普及的地区，要优先解决好3—6岁幼儿入园问题，杜绝一边存在“大班额”一边办托班的情况。其次，必须确保安全，有申办意愿的幼儿园必须解决好场地、设施、人员等问题，在硬件、软件方面均达到低龄幼儿看护要求，不能“凑合着上”。最后，招收的幼儿要有一定自理能力，能听得明白、说得清楚基本要求，能适应集体生活。

问：推动学前教育法贯彻落实有哪些举措？

答：贯彻落实学前教育法，是在法治轨道上推进学前教育高质量发展的重要基础，也是促进教育治理体系和治理能力现代化的有力支撑。教育系统要深刻认识学前教育法颁布的重大意义，认真抓好贯彻落实。一是深入组织开展学习宣传。教育部将通过召开座谈会、宣讲会、片区工作会、举办培训班等多种方式，指导各地正确理解适用法律。各地教育部门、幼儿园要结合实际，通过集中培训、专家讲授、内部研讨等多种方式开展学习宣传，扩大覆盖面。要将学前教育法纳入领导干部应知应会法律清单，作为教育系统领导干部学法、用法的重要内容和必修课程。二是及时修改完善配套政策。教育部将有序推进学前教育有关制度的立、改、废工作，进一步明确、细化学前教育法相关要求。各地要全面清理现有相关的法规、规章和政策文件，凡与学前教育法规定不一致的，应当按程序和权限及时进行修改或者废止，要保证在2025年6月1日学前教育法施行后，相关法规、规章和政策文件与法律衔接顺畅。三是切实抓好法律贯彻实施。各地要落实以政府举办为主、大力发展普惠性学前教育的法定要求，切实履行政府在普惠性幼儿园规划、统筹建设、举办与支持举办的责任，优化普惠性资源供给，巩固提升普及普惠发展水平，提高学前教育工作质量，为培养德智体美劳全面发展的社会主义建设者和接班人奠定基础。

（来源：教育部网站）

行政法规、法规性文件与解读

网络数据安全管理条例

（2024年8月30日国务院第40次常务会议通过 2024年9月24日国务院令第790号公布 自2025年1月1日起施行）

第一章 总 则

第一条 为了规范网络数据处理活动，保障网络数据安全，促进网络数据依法合理有效利用，保护个人、组织的合法权益，维护国家安全和公共利益，根据《中华人民共和国网络安全法》、《中华人民共和国数据安全法》、《中华人民共和国个人信息保护法》等法律，制定本条例。

第二条 在中华人民共和国境内开展网络数据处理活动及其安全监督管理，适用本条例。

在中华人民共和国境外处理中华人民共和国境内自然人个人信息的活动，符合《中华人民共和国个人信息保护法》第三条第二款规定情形的，也适用本条例。

在中华人民共和国境外开展网络数据处理活动，损害中华人民共和国国家安全、公共利益或者公民、组织合法权益的，依法追究法律责任。

第三条 网络数据安全管理工作坚持中国共产党的领导，贯彻总体国家安全观，统筹促进网络数据开发利用与保障网络数据安全。

第四条 国家鼓励网络数据在各行业、各领域的创新应用，加强网络数据安全防护能力建设，支持网络数据相关技术、产品、服务创新，开展网络数据安全宣传教育和人才培养，促进网络数据开发利用和产业发展。

第五条 国家根据网络数据在经济社会发展中的重要程度，以及一旦遭到篡改、破坏、泄露或者非法获取、非法利用，对国家安全、公共利益或者个人、组织合法权益造成的危害程度，对网络数据实行分类分级保护。

第六条 国家积极参与网络数据安全相关国际规则和标准的制定，促进国际交流与合作。

第七条 国家支持相关行业组织按照章程，制定网络数据安全行为规范，加强行业自律，指导会员加强网络数据安全保护，提高网络数据安全保护水平，促进行业健康发展。

第二章 一般规定

第八条 任何个人、组织不得利用网络数据从事非法活动，不得从事窃取或者以其他非法方式获取网络数据、非法出售或者非法向他人提供网络数据等非法网络数据处理活动。

任何个人、组织不得提供专门用于从事前款非法活动的程序、工具；明知他人从事前款非法活动的，不得为其提供互联网接入、服务器托管、网络存储、通讯传输等技术支持，或者提供广告推广、支付结算等帮助。

第九条 网络数据处理者应当依照法律、行政法规的规定和国家标准的强制性要求，在网络安全等级保护的基础上，加强网络数据安全防护，建立健全网络数据安全管理制度，采取加密、备份、访问控制、安全认证等技术措施和其他必要措施，保护网络数据免遭篡改、破坏、泄露或者非法获取、非法利用，处置网络数据安全事件，防范针对和利用网络数据实施的违法犯罪活动，并对所处理网络数据的安全承担主体责任。

第十条 网络数据处理者提供的网络产品、服务应当符合相关国家标准的强制性要求；发现网络产品、服务存在安全缺陷、漏洞等风险时，应当立即采取补救措施，按照规定及时告知用户并向有关主管部门报告；涉及危害国家安全、公共利益的，网络数据处理者还应当在24小时内向有关主管部门报告。

第十一条 网络数据处理者应当建立健全网络数据安全事件应急预案，发生网络数据安全事件时，应当立即启动预案，采取措施防止危害扩大，消除安全隐患，并按照规定向有关主管部门报告。

网络数据安全事件对个人、组织合法权益造成危害的，网络数据处理者应当及时将安全事件和风险情况、危害后果、已经采取的补救措施等，以电话、短信、即时通信工具、电子邮件或者公告等方式通知利害关系人；法律、行政法规规定可以不通知的，从其规定。网络数据处理者在处置网络数据安全事件过程中发现涉嫌违法犯罪线索的，应当按照规定向公安机关、国家安全机关报案，并配合开展侦查、调查和处置工作。

第十二条 网络数据处理者向其他网络数据处理者提供、委托处理个人信息和重要数据的，应当通过合同等与网络数据接收方约定处理目的、方式、范围以及安全保护义务等，并对网络数据接收方履行义务的情况进行监督。向其他网络数据处理者提供、委托处理个人信息和重要数据的处理情况记录，应当至少保存3年。

网络数据接收方应当履行网络数据安全保护义务，并按照约定的目的、方式、范围等处理个人信息和重要数据。

两个以上的网络数据处理者共同决定个人信息和重要数据的处理目的和处理方式的，应当约定各自的权利和义务。

第十三条 网络数据处理者开展网络数据处理活动，影响或者可能影响国家安全的，应当按照国家有关规定进行国家安全审查。

第十四条 网络数据处理者因合并、分立、解散、破产等原因需要转移网络数据的，网络数据接收方应当继续履行网络数据安全保护义务。

第十五条 国家机关委托他人建设、运行、维护电子政务系统，存储、加工政务数据，应当按照国家有关规定经过严格的批准程序，明确受托方的网络数据处理权限、保护责任等，监督受托方履行网络数据安全保护义务。

第十六条 网络数据处理者为国家机关、关键信息基础设施运营者提供服务，或者参与其他公共基础设施、公共服务系统建设、运行、维护的，应当依照法律、法规的规定和合同约定履行网络数据安全保护义务，提供安全、稳定、持续的服务。

前款规定的网络数据处理者未经委托方同意，不得访问、获取、留存、使用、泄露或者向他人提供网络数据，不得对网络数据进行关联分析。

第十七条 为国家机关提供服务的信息系统应当参照电子政务系统的管理要求加强网络数据安全管理，保障网络数据安全。

第十八条 网络数据处理者使用自动化工具访问、收集网络数据，应当评估对网络服务带来的影响，不得非法侵入他人网络，不得干扰网络服务正常运行。

第十九条 提供生成式人工智能服务的网络数据处理者应当加强对训练数据和训练数据处理活动的安全管理，采取有效措施防范和处置网络数据安全风险。

第二十条 面向社会提供产品、服务的网络数据处理者应当接受社会监督，建立便捷的网络数据安全投诉、举报渠道，公布投诉、举报方式等信息，及时受理并处理网络数据安全投诉、举报。

第三章 个人信息保护

第二十一条 网络数据处理者在处理个人信息前，通过制定个人信息处理规则的方式依法向个人告知的，个人信息处理规则应当集中公开展示、易于访问并置于醒目位置，内容明确具体、清晰易懂，包括但不限于下列内容：

（一）网络数据处理者的名称或者姓名和联系方式；

（二）处理个人信息的目的、方式、种类，处理敏感个人信息的必要性以及对个人权益的影响；

（三）个人信息保存期限和到期后的处理方式，保存期限难以确定的，应当明确保存期限的确定方法；

（四）个人查阅、复制、转移、更正、补充、删除、限制处理个人信息以及注销账号、撤回同意的方法和途径等。

网络数据处理者按照前款规定向个人告知收集和向其他网络数据处理者提供个人信息的目的、方式、种类以及网络数据接收方信息的，应当以清单等形式予以列明。网络数据处理者处理不满十四周岁未成年人个人信息的，还应当制定专门的个人信息处理规则。

第二十二条 网络数据处理者基于个人同意处理个人信息的，应当遵守下列规定：

（一）收集个人信息为提供产品或者服务所必需，不得超范围收集个人信息，不得通过误导、欺诈、胁迫等方式取得个人同意；

（二）处理生物识别、宗教信仰、特定身份、医疗健康、金融账户、行踪轨迹等敏感个人信息的，应当取得个人的单独同意；

（三）处理不满十四周岁未成年人个人信息的，应当取得未成年人的父母或者其他监护人的同意；

（四）不得超出个人同意的个人信息处理目的、方式、种类、保存期限处理个人信息；

（五）不得在个人明确表示不同意处理其个人信息后，频繁征求同意；

（六）个人信息的处理目的、方式、种类发生变更的，应当重新取得个人同意。

法律、行政法规规定处理敏感个人信息应当取得书面同意的，从其规定。

第二十三条 个人请求查阅、复制、更正、补充、删除、限制处理其个人信息，或者个人注销账号、撤回同意的，网络数据处理者应当及时受理，并提供便捷的支持个人行使权利的方法和途径，不得设置不合理条件限制个人的合理请求。

第二十四条 因使用自动化采集技术等无法避免采集到非必要个人信息或者未依法取得个人同意的个人信息，以及个人注销账号的，网络数据处理者应当删除个人信息或者进行匿名化处理。法律、行政法规规定的保存期限未届满，或者删除、匿名化处理个人信息从技术上难以实现的，网络数据处理者应当停止除存储和采取必要的安全保护措施之外的处理。

第二十五条 对符合下列条件的个人信息转移请求，网络数据处理者应当为个人指定的其他网络数据处理者访问、获取有关个人信息提供途径：

（一）能够验证请求人的真实身份；

（二）请求转移的是本人同意提供的或者基于合同收集的个人信息；

（三）转移个人信息具备技术可行性；

（四）转移个人信息不损害他人合法权益。

请求转移个人信息次数等明显超出合理范围的，网络数据处理者可以根据转移个人信息的成本收取必要费用。

第二十六条 中华人民共和国境外网络数据处理者处理境内自然人个人信息，依照《中华人民共和国个人信息保护法》第五十三条规定在境内设立专门机构或者指定代表的，应当将有关机构的名称或者代表的姓名、联系方式等报送所在地设区的市级网信部门；网信部门应当及时通报同级有关主管部门。

第二十七条 网络数据处理者应当定期自行或者委托专业机构对其处理个人信息遵守法律、行政法规的情况进行合规审计。

第二十八条 网络数据处理者处理1000万人以上个人信息的，还应当遵守本条例第三十条、第三十二条对处理重要数据的网络数据处理者（以下简称重要数据的处理者）作出的规定。

第四章 重要数据安全

第二十九条 国家数据安全工作协调机制统筹协调有关部门制定重要数据目录，加强对重要数据的保护。各地区、各部门应当按照数据分类分级保护制度，确定本地区、本部门以及相关行业、领域的重要数据具体目录，对列入目录的网络数据进行重点保护。

网络数据处理者应当按照国家有关规定识别、申报重要数据。对确认为重要数据的，相关地区、部门应当及时向网络数据处理者告知或者公开发布。网络数据处理者应当履行网络数据安全保护责任。

国家鼓励网络数据处理者使用数据标签标识等技术和产品，提高重要数据安全管理水平。

第三十条 重要数据的处理者应当明确网络数据安全负责人和网络数据安全管理机构。网络数据安全管理机构应当履行下列网络数据安全保护责任：

（一）制定实施网络数据安全管理制度、操作规程和网络数据安全事件应急预案；

（二）定期组织开展网络数据安全风险监测、风险评估、应急演练、宣传教育培训等活动，及时处置网络数据安全风险和事件；

（三）受理并处理网络数据安全投诉、举报。

网络数据安全负责人应当具备网络数据安全专业知识和相关管理工作经历，由网络数据处理者管理层成员担任，有权直接向有关主管部门报告网络数据安全情况。

掌握有关主管部门规定的特定种类、规模的重要数据的网络数据处理者，应当对网络数据安全负责人和关键岗位的人员进行安全背景审查，加强相关人员培训。审查时，可以申请公安机关、国家安全机关协助。

第三十一条 重要数据的处理者提供、委托处理、共同处理重要数据前，应当进行风险评估，但是属于履行法定职责或者法定义务的除外。

风险评估应当重点评估下列内容：

（一）提供、委托处理、共同处理网络数据，以及网络数据接收方处理网络数据的目的、方式、范围等是否合法、正当、必要；

（二）提供、委托处理、共同处理的网络数据遭到篡改、破坏、泄露或者非法获取、非法利用的风险，以及对国家安全、公共利益或者个人、组织合法权益带来的风险；

（三）网络数据接收方的诚信、守法等情况；

（四）与网络数据接收方订立或者拟订立的相关合同中关于网络数据安全的要求能否有效约束网络数据接收方履行网络数据安全保护义务；

（五）采取或者拟采取的技术和管理措施等能否有效防范网络数据遭到篡改、破坏、泄露或者非法获取、非法利用等风险；

（六）有关主管部门规定的其他评估内容。

第三十二条 重要数据的处理者因合并、分立、解散、破产等可能影响重要数据安全的，应当采取措施保障网络数据安全，并向省级以上有关主管部门报告重要数据处置方案、接收方的名称或者姓名和联系方式等；主管部门不明确的，应当向省级以上数据安全工作协调机制报告。

第三十三条 重要数据的处理者应当每年度对其网络数据处理活动开展风险评估，并向省级以上有关主管部门报送风险评估报告，有关主管部门应当及时通报同级网信部门、公安机关。

风险评估报告应当包括下列内容：

（一）网络数据处理者基本信息、网络数据安全管理机构信息、网络数据安全负责人姓名和联系方式等；

（二）处理重要数据的目的、种类、数量、方式、范围、存储期限、存储地点等，开展网络数据处理活动的情况，不包括网络数据内容本身；

（三）网络数据安全管理制度及实施情况，加密、备份、标签标识、访问控制、安全认证等技术措施和其他必要措施及其有效性；

（四）发现的网络数据安全风险，发生的网络数据安全事件及处置情况；

（五）提供、委托处理、共同处理重要数据的风险评估情况；

（六）网络数据出境情况；

（七）有关主管部门规定的其他报告内容。

处理重要数据的大型网络平台服务提供者报送的风险评估报告，除包括前款规定的内容外，还应当充分说明关键业务和供应链网络数据安全等情况。

重要数据的处理者存在可能危害国家安全的重要数据处理活动的，省级以上有关主管部门应当责令其采取整改或者停止处理重要数据等措施。重要数据的处理者应当按照有关要求立即采取措施。

第五章　网络数据跨境安全管理

第三十四条　国家网信部门统筹协调有关部门建立国家数据出境安全管理专项工作机制，研究制定国家网络数据出境安全管理相关政策，协调处理网络数据出境安全重大事项。

第三十五条　符合下列条件之一的，网络数据处理者可以向境外提供个人信息：

（一）通过国家网信部门组织的数据出境安全评估；

（二）按照国家网信部门的规定经专业机构进行个人信息保护认证；

（三）符合国家网信部门制定的关于个人信息出境标准合同的规定；

（四）为订立、履行个人作为一方当事人的合同，确需向境外提供个人信息；

（五）按照依法制定的劳动规章制度和依法签订的集体合同实施跨

境人力资源管理，确需向境外提供员工个人信息；

（六）为履行法定职责或者法定义务，确需向境外提供个人信息；

（七）紧急情况下为保护自然人的生命健康和财产安全，确需向境外提供个人信息；

（八）法律、行政法规或者国家网信部门规定的其他条件。

第三十六条 中华人民共和国缔结或者参加的国际条约、协定对向中华人民共和国境外提供个人信息的条件等有规定的，可以按照其规定执行。

第三十七条 网络数据处理者在中华人民共和国境内运营中收集和产生的重要数据确需向境外提供的，应当通过国家网信部门组织的数据出境安全评估。网络数据处理者按照国家有关规定识别、申报重要数据，但未被相关地区、部门告知或者公开发布为重要数据的，不需要将其作为重要数据申报数据出境安全评估。

第三十八条 通过数据出境安全评估后，网络数据处理者向境外提供个人信息和重要数据的，不得超出评估时明确的数据出境目的、方式、范围和种类、规模等。

第三十九条 国家采取措施，防范、处置网络数据跨境安全风险和威胁。任何个人、组织不得提供专门用于破坏、避开技术措施的程序、工具等；明知他人从事破坏、避开技术措施等活动的，不得为其提供技术支持或者帮助。

第六章　网络平台服务提供者义务

第四十条 网络平台服务提供者应当通过平台规则或者合同等明确接入其平台的第三方产品和服务提供者的网络数据安全保护义务，督促第三方产品和服务提供者加强网络数据安全管理。

预装应用程序的智能终端等设备生产者，适用前款规定。

第三方产品和服务提供者违反法律、行政法规的规定或者平台规则、合同约定开展网络数据处理活动，对用户造成损害的，网络平台服务提供者、第三方产品和服务提供者、预装应用程序的智能终端等设备生产者应当依法承担相应责任。

国家鼓励保险公司开发网络数据损害赔偿责任险种，鼓励网络平台服务提供者、预装应用程序的智能终端等设备生产者投保。

第四十一条 提供应用程序分发服务的网络平台服务提供者，应当建立应用程序核验规则并开展网络数据安全相关核验。发现待分发或者已分发的应用程序不符合法律、行政法规的规定或者国家标准的强制性要求的，应当采取警示、不予分发、暂停分发或者终止分发等措施。

第四十二条 网络平台服务提供者通过自动化决策方式向个人进行信息推送的，应当设置易于理解、便于访问和操作的个性化推荐关闭选项，为用户提供拒绝接收推送信息、删除针对其个人特征的用户标签等功能。

第四十三条 国家推进网络身份认证公共服务建设，按照政府引导、用户自愿原则进行推广应用。

鼓励网络平台服务提供者支持用户使用国家网络身份认证公共服务登记、核验真实身份信息。

第四十四条 大型网络平台服务提供者应当每年度发布个人信息保护社会责任报告，报告内容包括但不限于个人信息保护措施和成效、个人行使权利的申请受理情况、主要由外部成员组成的个人信息保护监督机构履行职责情况等。

第四十五条 大型网络平台服务提供者跨境提供网络数据，应当遵守国家数据跨境安全管理要求，健全相关技术和管理措施，防范网络数据跨境安全风险。

第四十六条 大型网络平台服务提供者不得利用网络数据、算法以及平台规则等从事下列活动：

（一）通过误导、欺诈、胁迫等方式处理用户在平台上产生的网络数据；

（二）无正当理由限制用户访问、使用其在平台上产生的网络数据；

（三）对用户实施不合理的差别待遇，损害用户合法权益；

（四）法律、行政法规禁止的其他活动。

第七章 监督管理

第四十七条 国家网信部门负责统筹协调网络数据安全和相关监督管理工作。

公安机关、国家安全机关依照有关法律、行政法规和本条例的规定，在各自职责范围内承担网络数据安全监督管理职责，依法防范和打击危害网络数据安全的违法犯罪活动。

国家数据管理部门在具体承担数据管理工作中履行相应的网络数据安全职责。

各地区、各部门对本地区、本部门工作中收集和产生的网络数据及网络数据安全负责。

第四十八条 各有关主管部门承担本行业、本领域网络数据安全监督管理职责，应当明确本行业、本领域网络数据安全保护工作机构，统筹制定并组织实施本行业、本领域网络数据安全事件应急预案，定期组织开展本行业、本领域网络数据安全风险评估，对网络数据处理者履行网络数据安全保护义务情况进行监督检查，指导督促网络数据处理者及时对存在的风险隐患进行整改。

第四十九条 国家网信部门统筹协调有关主管部门及时汇总、研判、共享、发布网络数据安全风险相关信息，加强网络数据安全信息共享、网络数据安全风险和威胁监测预警以及网络数据安全事件应急处置工作。

第五十条 有关主管部门可以采取下列措施对网络数据安全进行监督检查：

（一）要求网络数据处理者及其相关人员就监督检查事项作出说明；

（二）查阅、复制与网络数据安全有关的文件、记录；

（三）检查网络数据安全措施运行情况；

（四）检查与网络数据处理活动有关的设备、物品；

（五）法律、行政法规规定的其他必要措施。

网络数据处理者应当对有关主管部门依法开展的网络数据安全监督检查予以配合。

第五十一条 有关主管部门开展网络数据安全监督检查，应当客观公正，不得向被检查单位收取费用。

有关主管部门在网络数据安全监督检查中不得访问、收集与网络数据安全无关的业务信息，获取的信息只能用于维护网络数据安全的需要，不得用于其他用途。

有关主管部门发现网络数据处理者的网络数据处理活动存在较大安全风险的，可以按照规定的权限和程序要求网络数据处理者暂停相关服务、修改平台规则、完善技术措施等，消除网络数据安全隐患。

第五十二条 有关主管部门在开展网络数据安全监督检查时，应当加强协同配合、信息沟通，合理确定检查频次和检查方式，避免不必要的检查和交叉重复检查。

个人信息保护合规审计、重要数据风险评估、重要数据出境安全评估等应当加强衔接，避免重复评估、审计。重要数据风险评估和网络安全等级测评的内容重合的，相关结果可以互相采信。

第五十三条 有关主管部门及其工作人员对在履行职责中知悉的个人隐私、个人信息、商业秘密、保密商务信息等网络数据应当依法予以保密，不得泄露或者非法向他人提供。

第五十四条 境外的组织、个人从事危害中华人民共和国国家安全、公共利益，或者侵害中华人民共和国公民的个人信息权益的网络数据处理活动的，国家网信部门会同有关主管部门可以依法采取相应的必要措施。

第八章 法律责任

第五十五条 违反本条例第十二条、第十六条至第二十条、第二十二条、第四十条第一款和第二款、第四十一条、第四十二条规定的，由网信、电信、公安等主管部门依据各自职责责令改正，给予警告，没收违法所得；拒不改正或者情节严重的，处 100 万元以下罚款，并可以责令暂停相关业务、停业整顿、吊销相关业务许可证或者吊销营业执照，对直接负责的主管人员和其他直接责任人员可以处 1 万元以上 10 万元以下罚款。

第五十六条 违反本条例第十三条规定的，由网信、电信、公安、国家安全等主管部门依据各自职责责令改正，给予警告，可以并处 10 万元以上 100 万元以下罚款，对直接负责的主管人员和其他直接责任人员可以处 1 万元以上 10 万元以下罚款；拒不改正或者情节严重的，处 100 万元以上 1000 万元以下罚款，并可以责令暂停相关业务、停业整顿、吊销相关业务许可证或者吊销营业执照，对直接负责的主管人员和其他直接责任人员处 10 万元以上 100 万元以下罚款。

第五十七条 违反本条例第二十九条第二款、第三十条第二款和第三款、第三十一条、第三十二条规定的，由网信、电信、公安等主管部门依据各自职责责令改正，给予警告，可以并处5万元以上50万元以下罚款，对直接负责的主管人员和其他直接责任人员可以处1万元以上10万元以下罚款；拒不改正或者造成大量数据泄露等严重后果的，处50万元以上200万元以下罚款，并可以责令暂停相关业务、停业整顿、吊销相关业务许可证或者吊销营业执照，对直接负责的主管人员和其他直接责任人员处5万元以上20万元以下罚款。

第五十八条 违反本条例其他有关规定的，由有关主管部门依照《中华人民共和国网络安全法》、《中华人民共和国数据安全法》、《中华人民共和国个人信息保护法》等法律的有关规定追究法律责任。

第五十九条 网络数据处理者存在主动消除或者减轻违法行为危害后果、违法行为轻微并及时改正且没有造成危害后果或者初次违法且危害后果轻微并及时改正等情形的，依照《中华人民共和国行政处罚法》的规定从轻、减轻或者不予行政处罚。

第六十条 国家机关不履行本条例规定的网络数据安全保护义务的，由其上级机关或者有关主管部门责令改正；对直接负责的主管人员和其他直接责任人员依法给予处分。

第六十一条 违反本条例规定，给他人造成损害的，依法承担民事责任；构成违反治安管理行为的，依法给予治安管理处罚；构成犯罪的，依法追究刑事责任。

第九章 附 则

第六十二条 本条例下列用语的含义：

（一）网络数据，是指通过网络处理和产生的各种电子数据。

（二）网络数据处理活动，是指网络数据的收集、存储、使用、加工、传输、提供、公开、删除等活动。

（三）网络数据处理者，是指在网络数据处理活动中自主决定处理目的和处理方式的个人、组织。

（四）重要数据，是指特定领域、特定群体、特定区域或者达到一定精度和规模，一旦遭到篡改、破坏、泄露或者非法获取、非法利用，可能直接危害国家安全、经济运行、社会稳定、公共健康和安全的数据。

（五）委托处理，是指网络数据处理者委托个人、组织按照约定的目的和方式开展的网络数据处理活动。

（六）共同处理，是指两个以上的网络数据处理者共同决定网络数据的处理目的和处理方式的网络数据处理活动。

（七）单独同意，是指个人针对其个人信息进行特定处理而专门作出具体、明确的同意。

（八）大型网络平台，是指注册用户 5000 万以上或者月活跃用户 1000 万以上，业务类型复杂，网络数据处理活动对国家安全、经济运行、国计民生等具有重要影响的网络平台。

第六十三条　开展核心数据的网络数据处理活动，按照国家有关规定执行。

自然人因个人或者家庭事务处理个人信息的，不适用本条例。

开展涉及国家秘密、工作秘密的网络数据处理活动，适用《中华人民共和国保守国家秘密法》等法律、行政法规的规定。

第六十四条　本条例自 2025 年 1 月 1 日起施行。

司法部、国家网信办负责人就《网络数据安全管理条例》答记者问

2024 年 9 月 24 日，国务院总理李强签署第 790 号国务院令，公布《网络数据安全管理条例》（以下简称《条例》），自 2025 年 1 月 1 日起施行。日前，司法部、国家网信办负责人就《条例》有关问题回答了记者提问。

问：请简要介绍一下《条例》出台的背景。

答： 党中央、国务院高度重视网络数据安全管理工作。党的二十届三中全会强调，提升数据安全治理监管能力，建立高效便利安全的数据跨境流动机制。近年来，随着信息技术和人们生产生活交汇融合，数据处理活动更加频繁，数据安全风险日益聚焦在网络数据领域，违法处理网络数据活动时有发生，给经济社会发展和国家安全带来严峻挑战。网络安全法、数据安全法、个人信息保护法对数据安全和个人信息保护制度作了基本规定。为做好法律实施，规范网络数据处理活动，保障网络数据安全，促进网络数据依法合理有效利用，保护个人、组织的合法权益，维护国家安全和公共利益，有必要制定配套行政法规。国务院将制定《条例》列入立法工作计划。

国家网信办在总结近年来网络数据安全管理实践经验、征求有关方面意见并向社会公开征求意见的基础上，向国务院报送了《条例（草案送审稿）》。司法部在立法审查中，广泛征求有关中央单位、地方人

民政府、企事业单位、行业协会和专家学者意见，赴地方开展实地调研，多次召开企业和行业协会座谈会听取意见，会同国家网信办反复研究修改，形成了《条例（草案）》。2024年8月30日，国务院常务会议审议通过了《条例（草案）》。

问：制定《条例》的总体思路是什么？

答：《条例》制定工作坚持以习近平新时代中国特色社会主义思想为指导，深入贯彻习近平法治思想和习近平总书记关于网络强国的重要思想，在总体思路上主要把握了以下四点：一是坚持党的领导，全面贯彻党的二十大和党的二十届二中、三中全会精神，将习近平总书记关于网络数据安全管理的重要指示批示精神以及党中央、国务院决策部署落实到具体条文中；二是坚持总体国家安全观，统筹发展和安全，既加强网络数据安全保护，又鼓励和促进网络数据依法合理有效利用；三是坚持问题导向，聚焦个人信息、重要数据、网络数据跨境流动等方面突出问题，有针对性地健全制度措施。四是坚持统筹协调，妥善处理与网络安全法、数据安全法、个人信息保护法等上位法的关系，对相关制度规定予以细化、补充、完善。

问：《条例》对个人信息保护主要作了哪些规定？

答：《条例》重点细化了个人信息保护法关于告知、同意、个人行使权利等方面的规定：一是明确通过制定个人信息处理规则履行告知义务的内容、形式等要求；二是明确基于个人同意处理个人信息应当遵守的基本要求；三是明确行使个人信息查阅、复制、更正、补充、删除等权利的要求，细化个人信息转移的具体条件；四是明确按照个人信息保护法第五十三条规定在境内设立专门机构或者指定代表的要求；五是明确网络数据处理者处理1000万人以上个人信息还应当履行的义务。

问：《条例》关于保障重要数据安全主要作了哪些规定？

答：《条例》所规定的重要数据是指特定领域、特定群体、特定区域或者达到一定精度和规模，一旦遭到篡改、破坏、泄露或者非法获取、非法利用，可能直接危害国家安全、经济运行、社会稳定、公共健康和安全的数据。为了保障重要数据安全，《条例》主要作出以下规定：一是明确制定重要数据目录的要求，规定网络数据处理者识别、申报重要数据义务；二是规定网络数据安全负责人和网络数据安全管理机构责任；三是要求提供、委托处理、共同处理重要数据前进行风险评估，并明确重点评估内容；四是要求重要数据的处理者每年度对其网络数据处理活动开展风险评估，并明确风险评估报告内容。

问：《条例》在建立高效便利安全的数据跨境流动机制方面是怎样规定的？

答：《条例》在总结《数据出境安全评估办法》《个人信息出境标准合同办法》《促进和规范数据跨境流动规定》等部门规章制定实施经验基础上，进一步优化数据跨境流动机制。一是明确国家网信部门统筹协调有关部门建立国家数据出境安全管理专项工作机制，研究制定国家网络数据出境安全管理相关政策，协调处理网络数据出境安全重大事项。二是规定网络数据处理者可以向境外提供个人信息的条件，明确未被相关地区、部门告知或者公开发布为重要数据的，不需要将其作为重要数据申报数据出境安全评估。三是明确网络数据处理者通过数据出境安全评估后向境外提供个人信息和重要数据的，不得超出评估时明确的数据出境目的、方式、范围和种类、规模等。此外，还规定国家采取措施，防范、处置网络数据跨境安全风险和威胁。

问：《条例》对网络平台服务提供者义务作出专门规定的主要考虑是什么？具体是怎样规定的？

答：网络平台服务提供者面向大量用户和平台内经营者提供服务，一些网络平台服务提供者还向政府部门提供服务，对于促进数字经济发展、优化公共服务发挥了重要作用。同时，实践中存在网络平台服务提供者不履行网络数据安全义务、滥用数据优势从事法律、行政法规禁止的活动等情况。国内外相关立法对此作了实践探索。为此，《条例》主要作出以下规定：一是规定了网络平台服务提供者、第三方产品和服务提供者、预装应用程序的智能终端等设备生产者的网络数据安全保护义务，并要求提供应用程序分发服务的网络平台服务提供者建立应用程序核验规则并开展网络数据安全相关核验。二是针对当前个性化推荐服务关闭难、收集个人信息类型多、个人精准画像数据滥用等问题，明确网络平台服务提供者应当设置易于理解、便于访问和操作的个性化推荐关闭选项，为用户提供拒绝接收推送信息、删除针对其个人特征的用户标签等功能。三是明确国家推进网络身份认证公共服务建设，按照政府引导、用户自愿原则进行推广应用。鼓励网络平台服务提供者支持用户使用国家网络身份认证公共服务登记、核验真实身份信息。四是规定大型网络平台服务提供者每年度发布个人信息保护社会责任报告、防范网络数据跨境安全风险的要求，以及明确不得利用网络数据、算法、平台规则等从事相关活动的义务。

问：《条例》关于开展网络数据安全管理工作的部门职责分工是什么？

答：《条例》规定，国家网信部门负责统筹协调网络数据安全和相关监督管理工作。公安机关、国家安全机关依照有关法律、行政法规和本条例的规定，在各自职责范围内承担网络数据安全监督管理职责，依法防范和打击危害网络数据安全的违法犯罪活动。国家数据管理部门在具体承担数据管理工作中履行相应的网络数据安全职责。各地区、各部门对本地区、本部门工作中收集和产生的网络数据及网络数据安全负责。各有关主管部门承担本行业、本领域网络数据安全监督管理职责。

（来源：司法部网站）

完善数据安全法律体系　护航数字经济高质量发展

余晓晖*

《网络数据安全管理条例》（以下简称《条例》）的出台进一步完善了我国数据安全管理法律体系，对于明确网络数据安全管理要求、提升治网管网水平具有重要意义，也为充分释放数据要素价值、护航数字经济高质量发展提供了有力法治保障。

一、《条例》对完善数据安全管理法律体系意义重大

（一）贯彻落实总体国家安全观的重要举措

数据安全是总体国家安全观的重要领域。党中央、国务院高度重视数据安全工作，提出加快法规制度建设、切实保障国家数据安全等明确要求。习近平总书记强调，“要维护国家数据安全，保护个人信息和商业秘密，促进数据高效流通使用、赋能实体经济”“加快构建数据基础制度体系”①。党的二十届三中全会指出，要“提升数据安全治理监管能力，建立高效便利安全的数据跨境流动机制”。数据安全牵一发而动全身，完善数据安全管理不仅关乎数据本身作为重要生产要素的开发利

* 第十四届全国政协委员、中国信息通信研究院院长。

① 《习近平主持召开中央全面深化改革委员会第二十六次会议强调 加快构建数据基础制度 加快改进行政区划工作》，载《人民日报》2022年6月23日第1版。

用与安全问题，而且与国家主权、国家安全、社会秩序、公共利益休戚相关。《条例》贯彻总体国家安全观，统筹促进网络数据开发利用与保障网络数据安全，进一步夯实了维护数据安全的法治根基。

（二）顺应全球数据安全发展形势的必然要求

网络数据安全是全球各国面临的共同挑战，随着人工智能、大数据等新技术新应用的快速发展，数据体量呈现爆发式增长，安全风险也与日俱增，强化网络数据安全管理的重要性愈加突出。从国际社会来看，主要国家和地区高度重视数据资源的基础性和战略性价值，持续完善数据安全领域法律法规。例如，欧盟理事会 2023 年 11 月正式通过数据法，在《通用数据保护条例》的基础上，提供了适用于所有数据的更广泛的规则。我国积极应对数据安全新形势，在已有数据安全法律基础上制定出台《条例》，进一步完善数据安全管理制度体系，切实保障国家数据安全。

（三）推动数字经济高质量发展的制度保障

数据作为新型生产要素，是数字化、网络化、智能化的基础，已快速融入生产、分配、流通、消费和社会服务管理等各环节。《中共中央国务院关于构建数据基础制度更好发挥数据要素作用的意见》提出，以维护国家数据安全、保护个人信息和商业秘密为前提，构建适应数据特征、符合数字经济发展规律、保障国家数据安全、彰显创新引领的数据基础制度。为充分发挥我国海量数据规模和丰富应用场景优势，激活数据要素潜能，做强做优做大数字经济，国务院适时出台《条例》，充分发挥法治固根本、稳预期、利长远的作用，确保数据安全工作和数据要素市场建设在法治轨道上稳步推进，以高水平数据安全保障数据要素市场高质量发展。

二、《条例》筑牢数据安全管理制度底座特色鲜明

《条例》共计9章64条，不仅明确了网络数据安全管理的一般规定，也进一步完善细化了个人信息保护、重要数据安全管理、网络数据跨境安全管理、网络平台服务提供者义务等方面的具体要求，夯实了我国数据安全管理制度底座，具有鲜明的系统性、创新性、时代性和开放性。

（一）坚持系统观念，完善数据安全法律规范体系

经过多年的发展，我国已经初步搭建了以网络安全法、数据安全法、个人信息保护法为核心的数据安全法律框架。《条例》的出台，通过一部行政法规统筹落实了三部上位法律所规定的数据安全管理要求，细化了数据分类分级、数据跨境流动、个人信息处理等制度规定，进一步强化了不同法律之间的制度衔接，增强了法律规范的系统性。与此同时，《条例》也进一步推动构建形成了“法律—行政法规—部门规章”的全位阶法律规范体系。

（二）坚持守正创新，充实数据安全管理基本要求

《条例》贯彻落实上位法相关制度，在继承数据分类分级保护制度等原则性要求的基础上，充分发挥行政法规的灵活性和创新空间，针对数据处理新情况作了相应制度设计。例如，针对网络数据处理者使用自动化工具访问、收集网络数据的情况，《条例》规定应当评估对网络服务带来的影响，要求不得非法侵入他人网络、不得干扰网络服务正常运行。再如，针对人工智能发展带来的训练数据问题，《条例》要求提供生成式人工智能服务的网络数据处理者应当加强对训练数据和训练数据处理活动的安全管理，采取有效措施防范和处置网络数据安全风险。

（三）坚持与时俱进，细化个人信息保护制度规则

《条例》立足当前数字经济发展的需求，在个人信息保护法确立的基本原则和规则基础上，根据具体场景进一步细化相关个人信息保护要求。例如，《条例》针对实践中滥用“个人同意”的问题，明确规定了网络数据处理者基于个人同意处理个人信息应当遵守的具体要求，包括收集个人信息为提供产品或者服务所必需，不得超范围收集，不得通过误导、欺诈、胁迫等方式取得个人同意。再如，《条例》针对个人信息主体需要转移个人信息行使个人权利的问题，明确规定了实施个人信息转移的条件，并且要求网络数据处理者应当为个人信息主体行使相关权益提供可落地的具体路径。

（四）坚持开放发展，促进网络数据跨境流动

《条例》细化数据出境中的安全管理要求，为促进数据依法有序自由流动提供具体指引。一方面，《条例》遵循我国现有数据跨境流动制度体系，明确了个人信息和重要数据跨境提供的具体条件，将《促进和规范数据跨境流动规定》等相关规章规定上升为行政法规，为网络数据处理者向境外提供网络数据提供了清晰指引。例如，《条例》明确列举了网络数据处理者可以向境外提供个人信息的八种情形，进一步便利相关主体的实践操作，为促进数据跨境流动提供了更为有力的制度保障。另一方面，《条例》强化了数据跨境流动中的安全管理要求，规定国家采取措施防范、处置数据跨境风险和威胁，禁止提供专门用于破坏、避开技术措施的程序、工具等，为数据跨境流动提供安全保障。

（五）坚持协同治理，压实网络平台主体责任

随着互联网的快速发展，网络平台已经成为网络空间治理的关键节

点。尤其是大型网络平台，因其庞大的用户基础和复杂的数据处理活动，对个人隐私和数据安全具有重大影响。《条例》设立网络平台服务提供者专章，规定了其在网络数据安全管理方面的义务，强化全链条数据安全保护。例如，《条例》不仅规定了网络平台服务提供者自身应当履行的网络数据安全管理义务，还明确了网络平台服务提供者应当通过平台规则或合同形式明确第三方网络数据安全管理义务，未尽到相应督促落实义务、造成用户损害的，网络平台服务提供者依法承担相应责任。

三、《条例》开启我国数据治理法治化新阶段

当前，互联网加速演进升级，数字经济持续快速发展，数据作为数字时代的新型生产要素在推动经济高质量发展和新质生产力形成中的作用更加凸显。新时代新征程，要准确把握我国数据治理面临的新形势新任务，以《条例》出台为契机，筑法治之基、行法治之力、积法治之势，在法治轨道上持续推进数据发展和安全治理工作，以高水平数据法治建设护航数字经济高质量发展。一是构建更加完备的数据治理法律规范体系，建立健全数据交易流通等基础制度规则，及时应对人工智能、大数据、云计算等新技术发展带来的数据安全风险挑战，科学运用法律法规引导新兴领域发展。二是构建更加高效的数据治理法律实施体系，持续深化《条例》各项制度施行，坚持促进发展和依法管理相统一，充分发挥《条例》在推动数据产业发展和规范安全管理中的作用，深入开展严格规范公正文明网络执法。三是构建更加有力的数据治理保障体系，强化数据安全法规制度宣传推广，增强全社会数据安全法治意识和能力，深化数据领域法治研究，切实以数据治理法治化助力网络强国和数字中国建设。

（来源：司法部网站）

司法解释、司法指导性文件与解读

最高人民法院

印发《关于进一步规范网络司法拍卖工作的指导意见》的通知

2024 年 10 月 29 日　　　　法〔2024〕238 号

各省、自治区、直辖市高级人民法院，解放军军事法院，新疆维吾尔自治区高级人民法院生产建设兵团分院：

现将《最高人民法院关于进一步规范网络司法拍卖工作的指导意见》予以印发，请结合实际，认真遵照执行。

最高人民法院

关于进一步规范网络司法拍卖工作的指导意见

为进一步规范网络司法拍卖行为，着力提升执行财产处置水平，切实保障当事人的合法权益，根据《中华人民共和国民事诉讼法》（以下简称民事诉讼法）以及有关司法解释的规定，结合执行工作实践，就做好网络司法拍卖工作提出如下意见。

1. 尽职调查财产现状。执行法院应当对财产现状进行调查，不得以“现状拍卖”为由免除调查职责。对下列财产，应当重点调查以下事项：

（1）对不动产，应当通过调取登记信息、实地勘察、入户调查等方式，调查权属关系、占有使用情况、户型图、交易税目和税率、已知瑕疵等信息；

（2）对机动车，应当调查登记信息、违章信息、排放标准、行驶里程等对车辆价值有重要影响的信息；

（3）对食品，应当调查是否过期、是否腐败变质、是否属于禁止生产销售物品等信息，防止假冒伪劣食品通过网络司法拍卖流入市场，损害人民群众身体健康和生命安全；

（4）对股权，应当调查持股比例、认缴出资额、实缴出资额、出资期限、财务报表，以及股息、红利等对股权价值有重要影响的信息。

2. 严格审查权利负担的真实性。执行法院在财产调查过程中应当加大对虚假权利负担的甄别力度，案外人主张财产上存在租赁权、居住权等权利负担的，重点围绕合同签订时间、租赁或者居住权期限、租金支付、占有使用等情况，对权利负担的真实性进行审查。案外人所提事实和主张有悖日常生活经验、商业交易习惯的，对案外人“带租赁权”“带居住权”处置的请求不予支持。案外人有异议的，可以通过执行异议程序救济。发现被执行人与第三人通过恶意串通倒签租赁合同、虚构长期租约等方式规避或者妨碍执行的，应当依法严肃追究其法律责任。

3. 认真核查建设工程价款情况。执行法院处置建设工程时，应当依法查明是否欠付建设工程价款，并按照下列情形分别处理：

（1）发现存在或者可能存在欠付建设工程价款，但没有权利人主张的，执行法院可以通过张贴拍卖公告、调取工程合同、询问被执行人等方式查明有关权利人，通知其及时主张权利，争取一次性解决纠纷，减少后续争议。

（2）尚未取得执行依据的案外人主张享有建设工程价款优先受偿

权并提出优先受偿的，执行法院应当对建设工程施工合同等进行审查并询问被执行人。经审查，认定案外人不具有优先受偿资格，案外人不服的，可以通过执行异议程序或者另诉救济；认定案外人具有优先受偿资格的，应当将其纳入分配方案，当事人对该方案不服的，可以通过分配方案异议及分配方案异议之诉程序救济。

（3）建设工程价款优先受偿权人主张已与被执行人达成“以房抵债”协议，据以申请排除执行的，执行法院应当依照民事诉讼法第二百三十八条处理。

4. 规范适用询价方式。对于无需由专业人员现场勘验或者鉴定且有大数据交易参考的住宅、机动车等财产，可以选择网络询价方式。当事人、利害关系人认为不应适用网络询价或者网络询价结果明显偏离市场价值，申请适用委托评估的，执行法院经审查可以准许。

工业厂房、在建工程、土地使用权、商铺较多的综合市场、装修装饰价值较高的不动产以及股权、采矿权等特殊或者复杂财产，目前尚不具备询价条件，当事人议价不成时，应当适用委托评估。

5. 完善刑事涉案财产变价程序。刑事裁判涉财产部分执行，涉案财物最后一次拍卖未能成交的，执行法院应当按照《最高人民法院关于刑事裁判涉财产部分执行的若干规定》（法释〔2014〕13号）第十二条第二款规定，征询财政部门、被害人是否同意接收财产或者以物退赔等意见。财政部门、被害人不同意接收财产或者以物退赔的，可以进行无保留价拍卖。但对不动产、采矿权、大宗股票等价值较高的财产进行无保留价拍卖的，应当合理确定保证金和加价幅度，经合议庭合议后，报主管院领导批准。

6. 如实披露拍卖财产信息。执行法院应当全面如实披露财产调查所掌握的拍卖财产现状、占有使用情况、已知瑕疵和权利负担等信息，严禁隐瞒或者夸大拍卖财产瑕疵。

拍卖财产为不动产的，执行法院应当在拍卖公告中公示不动产占有使用情况，不得在拍卖公告中使用“占有不明”“他人占用’等表述。决定“带租赁权”或者“带居住权”拍卖的，应当如实披露占有使用情况、租金、期限以及有关权利人情况等重要信息。

法律、行政法规和司法解释对买受人有竞买资格限制的，应当在拍卖公告中予以公示。

7. 完善被执行人自行处置机制。第二次网络司法拍卖流拍，债权人申请以物抵债或者第三人申请以流拍价购买的，执行法院应当通知被执行人。被执行人主张以高于流拍价的价格对拍卖财产自行处置的，执行法院经审查后可以允许，暂不启动以物抵债、第三人购买程序。

自行处置期限由执行法院根据财产状况、市场行情等情况确定，一般不得超过60日。自行处置不动产成交的，买受人向执行法院交付全部价款后，执行法院可以出具成交过户裁定。买方支付部分价款，剩余价款申请通过贷款等方式融资，并向执行法院提交相关融资等手续的，执行法院经协调不动产登记机构同意后，可以出具成交过户裁定，由买卖双方办理“带封过户”手续。被执行人自行处置失败的，执行法院应当启动以物抵债、第三人购买等程序。

8. 加大不动产腾退交付力度。对不动产进行处置，除有法定事由外，执行法院应当负责腾退交付，严禁在拍卖公告中声明“不负责腾退”。

需要组织腾退交付的，执行法院应当制作腾退预案，积极督促被执行人及有关占用人员主动搬离。对于督促后仍不主动搬离的，应当严格依法腾退，并做好执法记录、安全保障等工作。

腾退过程中，被执行人、案外人存在破坏财产、妨碍执行等行为的，应当根据情节轻重予以罚款、拘留；构成犯罪的，应当依法追究刑事责任。

9. 严格重大事项合议与审批。执行法院应当建立重大事项权力清单和台账，对起拍价、加价幅度、权利负担、唯一住房拍卖、自行处置、以物抵债、第三人以流拍价购买等重要事项应当合议决定，按程序报批，严格落实院局（庭）长阅核制，不得由执行人员一人作出决定。

10. 加强拍卖辅助工作管理。各高级、中级人民法院要加强对辖区拍卖辅助工作的统一管理，加大对重大复杂敏感案件拍卖辅助工作的指导力度。具备条件的中级人民法院可以根据辖区实际情况，设置相对固定的人员或者团队统一负责辖区拍卖辅助工作。执行法院将拍卖辅助工作委托拍卖辅助机构承担的，要加强对拍卖辅助机构履职情况的监督力度，严禁将法律、司法解释规定必须由执行人员办理的事项委托给拍卖辅助机构完成；严禁拍卖辅助人员使用办案系统、账户和密钥等，严防泄露办案秘密；严禁私下接触竞买人，需要现场看样的，必须有两名以上拍卖辅助人员在场；严禁拍卖辅助机构、拍卖辅助人员及其近亲属参与其承担拍卖辅助工作的财产的竞买；严禁向第三方泄露意向竞买人信息；严禁私自收取费用违规排除潜在竞买人。要结合辖区工作实际，制定行之有效的管理办法，明确拍卖辅助机构工作职责和清单，规范计费方式和标准，严格规范拍卖辅助机构的准入和退出程序。要建立违纪违法追责机制，发现拍卖辅助机构存在违法违规行为或者不符合入库要求的，视情节采取暂停、取消委托资质乃至除名等惩戒措施。

11. 依法打击扰乱网拍秩序的行为。对通过夸大、欺瞒、误导等手段宣传提供“拍前调查”“清场收房”“对接法院”等一站式服务，诱导买受人支付高额佣金，甚至伪造司法文书骗取财物，严重扰乱网络司法拍卖秩序的行为，各级人民法院要积极联合公安、住建、市场监督管理等部门，坚决依法打击。要建立常态化工作机制，通过加大网络司法拍卖宣传、定期发布典型案例、开展专项活动等方式，依法维护网络司法拍卖秩序。

12. 深化对网拍的全面监督。各级人民法院要严格按照法律、司法解释要求开展工作，确保网络司法拍卖公开透明、及时高效、全程留痕。要主动接受当事人和社会公众对拍卖活动的全程监督，对当事人、社会公众或者媒体反映的拍卖问题，要及时核查、及时纠正、及时回应社会关切。

要主动接受检察机关法律监督，推动信息共享，畅通监督渠道，使执行检察监督规范化、常态化、机制化。对重大敏感复杂及人民群众反映强烈的拍卖或者腾退交付案件，可以邀请检察机关到场监督执行活动。

最高人民法院执行局负责人就《最高人民法院关于进一步规范网络司法拍卖工作的指导意见》答记者问

2024年10月29日，最高人民法院下发了《最高人民法院关于进一步规范网络司法拍卖工作的指导意见》（法〔2024〕238号）（以下简称《网拍指导意见》），对进一步规范网络司法拍卖行为，提升执行财产处置水平，保障当事人的合法权益作出规定。最高人民法院执行局负责人就出台《网拍指导意见》相关问题回答了记者提问。

问：能否请您简要介绍一下《网拍指导意见》的起草背景和过程？

答：财产处置变现是人民法院执行工作的重要内容，传统委托拍卖模式逐渐暴露出覆盖面窄、成本高、效率低、腐败现象易发多发等弊端。2017年，最高人民法院在总结各地实践经验基础上，上线网络司法拍卖系统并在全国范围全面推行网络司法拍卖，实现了执行财产变现模式的重大变革。自系统上线以来，截至2024年10月底，全国法院开展网络拍卖973.47万次，成交金额2.94万亿元，成交率63.72%，相较于传统委托拍卖，累计为当事人节约佣金897.01亿元。实践证明，网络司法拍卖顺应时代潮流和技术发展趋势，更加公开、公正、透明、便捷，极大提升了拍卖的成交率、溢价率和处置效率，降低了拍卖成本，减少了司法腐败的发生，最大限度地实现当事人合法权益，成效显著。

但是，近期我们发现网络司法拍卖工作中也出现了一些新情况、新问题。一方面是与网络司法拍卖相关的部分执行行为不够规范，影响了网络司法拍卖工作的健康发展。比如，有的执行人员财产调查工作不够充分细致，未全面查明拍卖财产具体状况、权属关系、权利负担等信息就上网拍卖，导致买受人发现"货不对板"，引发后续争议；有的法院拍卖财产"一刀切"，没有充分考虑当事人自行处置的意愿和诉求，引发信访投诉和矛盾。另一方面是外部人员扰乱网络司法拍卖秩序问题不断凸显。比如，有的拍卖辅助机构人员素质水平参差不齐，甚至利用拍卖辅助工作便利谋取不法利益；有的社会人员擅自侵入拍卖房产，通过虚假宣传诱导买受人支付高额佣金、骗取财物。

针对上述问题，最高人民法院执行局充分研究后起草了《网拍指导意见》，希望借此对网络司法拍卖相关规范进行一次较全面的升级，打好制度"补丁"。在起草《网拍指导意见》过程中，我们坚持问题导向，对有关问题进行摸排梳理和分类研究，逐项确定具体对策要求，形成条文初稿；先后多次召开座谈会，分别听取 7 家网络司法拍卖平台、中国拍卖行业协会、地方三级法院干警、最高人民法院相关部门和专家学者的意见，共收到意见建议 100 余条、书面材料 5 万余字；在反复研究论证和多次讨论修改，并经局、院两级审议后，最终获得通过。

问：我们注意到，最高人民法院此前出台了关于网络司法拍卖的司法解释并陆续发布了多个规范网络司法拍卖的通知，这次《网拍指导意见》与以往相关规范性文件相比，有什么不同？

答：在 2016 年出台关于网络司法拍卖的司法解释后，最高人民法院又多次下发明传通知，目的是及时解决实践问题，规范制度运行。这次《网拍指导意见》与此前相比，有以下不同：一是更加全面且更具针对性，对网络司法拍卖各重要环节重点问题作出规定；二是吸收地方法院有益经验，例如，增加了被执行人自行处置的相关规则。总的来说，《网拍指导意见》是在以往规范性文件的基础上，进一步完善了网络司法拍卖制度规范。

《网拍指导意见》共12条，按照网络司法拍卖流程，主要规定了拍前财产调查和询价（第一条至第四条）、拍卖中的变价处置（第五条至第七条）、拍卖的管理监督（第八条至第十二条）三大部分。条文可以分为三类：第一类是补充完善型条款，主要起到“打补丁”的作用。例如，第五条规定对刑事涉案财产的变价程序予以细化明确，对社会关注度较高的刑事涉财执行“1元”起拍问题予以回应，做好不同规则的衔接、填补漏洞。第二类是机制创新型条款。例如，第七条规定在允许被执行人申请自行处置财产的情况下，对自行处置的规则、期限和效力进行细化。第三类是加强管理型条款。例如，第九条规定要求建立网络司法拍卖重大事项权力清单，严格合议和报批程序；第十条规定要求加强对拍卖辅助工作的管理；第十一条规定要求依法打击扰乱网络司法拍卖秩序的行为。

问：建设工程的处置一直是执行财产处置中的难题。我们注意到，《网拍指导意见》第三条对执行法院处置建设工程作了规定，您能简单介绍一下主要思路和要点吗？

答：建设工程的处置，法律关系复杂、涉及主体众多、疑难复杂。尤其是建设工程价款优先受偿权是法定优先权，可能涉及农民工工资等社会问题。执行法院处置建设工程过程中或完成后，经常面临相关主体主张建设工程价款优先受偿权，造成执行程序迟滞，甚至因未及时保护优先权人权利引发执行回转等问题。对此，《网拍指导意见》第三条规定要求执行法院在处置建设工程价款时，应当区分不同情况进行处理，基本思路是争取一次性解决纠纷和明确权利人权利救济途径。这主要体现在以下三个方面：一是明确在建设工程处置过程中，执行法院不能消极等待权利申报，而应当通过张贴拍卖公告、调取工程合同、询问被执行人等方式主动查明有关权利人，通知其及时主张权利。这样做有两个好处：第一，尽量争取在执行程序中一次性解决争议，减少相关权利人的诉累，节约司法成本；第二，避免在执行过程中，因不同权利人分别主张权利进行大量重复性工作。二是明确执行法院在执行实施阶段，要对尚未取得执行依据的案外人关于建设工程价款优先权的主张进行审查。在执行实践中，有的执行法院以案外人未取得执行依据为由，对其提出的关于建设工程价款优先受偿权的主张一律不予审查，而是告知其另行通过诉讼程序救济。这种做法既违反法律规定，也不符合诉讼经济理念，造成司法资源的浪费。《网拍指导意见》第三条明确规定，执行法院在处理此类请求时，应当围绕案外人的主张，对建设工程施工合同、建设工程完成等情况进行审查。经审查，认定案外人具有优先受偿资格的，应当将其工程价款债权纳入分配方案，当事人、其他债权人等对案外人建设工程价款优先权的真实性、优先受偿顺位和比例等提出异议的，可以通过分配方案异议及分配方案异议之诉程序救济。认定案外人不具有优先受偿资格，案外人不服的，可以通过执行异议程序或者另诉救济。三是明确建设工程价款优先受偿权人以“以房抵债”为由，要求排除强制执行的处理程序。在执行实践中，存在建设工程价款优先受偿权人主张已与被执行人达成“以房抵债”协议，要求排除对相应房产强制执行的情况。这属于案外人对执行标的提出实体权利主张而排除执行的情形，执行法院应依照民事诉讼法第二百三十八条即案外人异议程序处理。经审查，认为案外人理由成立的，应当停止对相关标的执行。

问：刑事涉财执行相关司法解释规定了无保留价拍卖制度。实践中，有的法院机械适用无保留价拍卖，没有根据财产价值等合理设定加价幅度，造成不良后果。对此，《网拍指导意见》有什么规范措施？

答：刑事涉财案件的财产处置一直是执行工作的难点。对于财产刑、无被害人的刑事退赔案件，必须要对执行财产进行变价，然而此类案件涉及财产往往权属关系复杂、还可能存在案外人主张民事债权参与分配等情况，变现难度大。在财产难以变价又无法以物退赔的情况下，执行财产长期搁置，还将不断增加保管成本。为解决上述问题，2014年最高人民法院出台的《最高人民法院关于刑事裁判涉财产部分执行的若干规定》第十二条设计了特殊的财产处置方式，即对于刑事裁判所涉财产的拍卖，在有关财政机关、被害人等权利主体不同意接收流拍财产的情况下，可不拘于民事执行拍卖程序的一般规定，实行无保留价拍卖。通过这种制度设计，尽可能推进执行财产变现，尽快实现追赃挽损的目的。

在执行实践中，个别法院机械适用无保留价拍卖，对不动产等价值较高的财产进行无保留价拍卖时，未设定符合财产价值的保证金和加价幅度，过分依赖市场对价格的检验，但在参与主体有限、保证金低、加价幅度小、竞价不足的情况下，极易导致拍卖程序过于烦琐冗长、高价财产以明显不合理的低价成交。

针对上述问题，《网拍指导意见》第五条在现有法律和司法解释框架内，进一步完善了刑事涉案财产变价程序。该条明确规定刑事涉案财产最后一次拍卖未能成交的，应当严格依照《最高人民法院关于刑事裁判涉财产部分执行的若干规定》第十二条第二款的规定，征询财政部门、被害人是否同意接收财产或者以物退赔等意见。财政部门、被害人不同意接收财产或者以物退赔的，才可以进行无保留价拍卖。此外，对不动产、采矿权、大宗股票等价值较高的财产，确需进行无保留价拍卖的，应当对适用程序严格把关，在拍卖前要确定合理的保证金和加价幅度，并须经合议庭合议并报主管院领导批准。

问：在执行实践中，我们经常听到一些被执行人反映其财产被低价处置，由此引发不满甚至信访等问题，法院如何在执行程序中更好地解决上述问题？

答：在执行实践中，部分被执行人认为法院处置财产的评估价、成交价、抵债价偏低，对法院执行行为提出疑问，并申请由其自行处置财产。根据现行法律及司法解释规定，被执行人对评估拍卖程序中的执行行为提出异议的，执行法院应当通过异议审查程序保护其合法权益。被执行人自行处置的申请，如果得不到回应和解决，可能激化被执行人对执行工作的对抗情绪，甚至引发信访和投诉。为此，我们在2019年《最高人民法院关于在执行工作中进一步强化善意文明执行理念的意见》以及2021年《最高人民法院关于进一步完善执行权制约机制加强执行监督的意见》等文件中，已经探索允许被执行人在一定条件下自行处置。但是据我们了解，执行实践中此项制度适用率很低，未充分发挥应有效用。

此次，我们在《网拍指导意见》中对相关规则进行具体细化，针对第二次拍卖流拍后被执行人主张自行处置的，执行法院经审查认定符合相应条件后，可以允许被执行人以高于流拍价对拍卖财产进行处置，暂不启动以物抵债、第三人购买程序。同时，明确以下三点规则：一是自行处置的期限不超过六十日，防止周期过长影响执行效率；二是自行处置成交的，买受人向执行法院交付全部价款后，执行法院可以出具成交过户裁定，解决此类财产有多轮查封时，难以处置和过户的难题，消除买受人的后顾之忧，提高自行处置制度的适用性；三是支持买受人通过融资支付案款，买方支付部分价款，剩余价款申请通过贷款等方式融资，并向执行法院提交相关融资手续的，执行法院经协调不动产登记机构同意后，可以出具成交过户裁定，由买卖双方办理“带封过户”手续。通过上述制度设计，在财产处置程序中充分贯彻落实善意文明执行理念，将执行法院监管与被执行人自行处置财产相结合，充分调动当事人配合财产处置的积极性，最大限度实现处置财产价值，平衡保障双方当事人权益。

（来源：最高人民法院网站）

部门规章、规章性文件与解读

网络暴力信息治理规定

（2023 年 12 月 25 日国家互联网信息办公室 2023 年第 28 次室务会会议审议通过　2024 年 6 月 12 日中华人民共和国国家互联网信息办公室、中华人民共和国公安部、中华人民共和国文化和旅游部、国家广播电视总局令第 17 号公布　自 2024 年 8 月 1 日起施行）

第一章　总　　则

第一条　为了治理网络暴力信息，营造良好网络生态，保障公民合法权益，维护社会公共利益，根据《中华人民共和国网络安全法》、《中华人民共和国个人信息保护法》、《中华人民共和国治安管理处罚法》、《互联网信息服务管理办法》等法律、行政法规，制定本规定。

第二条　中华人民共和国境内的网络暴力信息治理活动，适用本规定。

第三条　网络暴力信息治理坚持源头防范、防控结合、标本兼治、协同共治的原则。

第四条　国家网信部门负责统筹协调全国网络暴力信息治理和相关监督管理工作。国务院公安、文化和旅游、广播电视等有关部门依据各自职责开展网络暴力信息的监督管理工作。

地方网信部门负责统筹协调本行政区域内网络暴力信息治理和相关监督管理工作。地方公安、文化和旅游、广播电视等有关部门依据各自职责开展本行政区域内网络暴力信息的监督管理工作。

第五条 鼓励网络相关行业组织加强行业自律，开展网络暴力信息治理普法宣传，督促指导网络信息服务提供者加强网络暴力信息治理并接受社会监督，为遭受网络暴力信息侵害的用户提供帮扶救助等支持。

第二章 一般规定

第六条 网络信息服务提供者和用户应当坚持社会主义核心价值观，遵守法律法规，尊重社会公德和伦理道德，促进形成积极健康、向上向善的网络文化，维护良好网络生态。

第七条 网络信息服务提供者应当履行网络信息内容管理主体责任，建立完善网络暴力信息治理机制，健全用户注册、账号管理、个人信息保护、信息发布审核、监测预警、识别处置等制度。

第八条 网络信息服务提供者为用户提供信息发布、即时通讯等服务的，应当依法对用户进行真实身份信息认证。用户不提供真实身份信息的，网络信息服务提供者不得为其提供相关服务。

网络信息服务提供者应当加强用户账号信息管理，为遭受网络暴力信息侵害的相关主体提供账号信息认证协助，防范和制止假冒、仿冒、恶意关联相关主体进行违规注册或者发布信息。

第九条 网络信息服务提供者应当制定和公开管理规则、平台公约，与用户签订服务协议，明确网络暴力信息治理相关权利义务，并依法依约履行治理责任。

第十条 任何组织和个人不得制作、复制、发布、传播涉网络暴力违法信息，应当防范和抵制制作、复制、发布、传播涉网络暴力不良信息。

任何组织和个人不得利用网络暴力事件实施蹭炒热度、推广引流等营销炒作行为，不得通过批量注册或者操纵用户账号等形式组织制作、复制、发布、传播网络暴力信息。

明知他人从事涉网络暴力信息违法犯罪活动的，任何组织和个人不得为其提供数据、技术、流量、资金等支持和协助。

第十一条 网络信息服务提供者应当定期发布网络暴力信息治理公告，并将相关工作情况列入网络信息内容生态治理工作年度报告。

第三章 预防预警

第十二条 网络信息服务提供者应当在国家网信部门和国务院有关部门指导下细化网络暴力信息分类标准规则，建立健全网络暴力信息特征库和典型案例样本库，采用人工智能、大数据等技术手段和人工审核相结合的方式加强对网络暴力信息的识别监测。

第十三条 网络信息服务提供者应当建立健全网络暴力信息预警模型，综合事件类别、针对主体、参与人数、信息内容、发布频次、环节场景、举报投诉等因素，及时发现预警网络暴力信息风险。

网络信息服务提供者发现存在网络暴力信息风险的，应当及时回应社会关切，引导用户文明互动、理性表达，并对异常账号及时采取真实身份信息动态核验、弹窗提示、违规警示、限制流量等措施；发现相关信息内容浏览、搜索、评论、举报量显著增长等情形的，还应当及时向有关部门报告。

第十四条 网络信息服务提供者应当建立健全用户账号信用管理体系，将涉网络暴力信息违法违规情形记入用户信用记录，依法依约降低账号信用等级或者列入黑名单，并据以限制账号功能或者停止提供相关服务。

第四章　信息和账号处置

第十五条　网络信息服务提供者发现涉网络暴力违法信息的，或者在其服务的醒目位置、易引起用户关注的重点环节发现涉网络暴力不良信息的，应当立即停止传输，采取删除、屏蔽、断开链接等处置措施，保存有关记录，向有关部门报告。发现涉嫌违法犯罪的，应当及时向公安机关报案，并提供相关线索，依法配合开展侦查、调查和处置等工作。

第十六条　互联网新闻信息服务提供者应当坚持正确政治方向、舆论导向、价值取向，加强网络暴力信息治理的公益宣传。

互联网新闻信息服务提供者不得通过夸大事实、过度渲染、片面报道等方式采编发布、转载涉网络暴力新闻信息。对互联网新闻信息提供跟帖评论服务的，应当实行先审后发。

互联网新闻信息服务提供者采编发布、转载涉网络暴力新闻信息不真实或者不公正的，应当立即公开更正，消除影响。

第十七条　网络信息服务提供者应当加强网络视听节目、网络表演等服务内容的管理，发现含有网络暴力信息的网络视听节目、网络表演等服务的，应当及时删除信息或者停止提供相关服务；应当加强对网络直播、短视频等服务的内容审核，及时阻断含有网络暴力信息的网络直播，处置含有网络暴力信息的短视频。

第十八条　网络信息服务提供者应当加强对跟帖评论信息内容的管理，对以评论、回复、留言、弹幕、点赞等方式制作、复制、发布、传播网络暴力信息的，应当及时采取删除、屏蔽、关闭评论、停止提供相关服务等处置措施。

第十九条　网络信息服务提供者应当加强对网络论坛社区和网络群组的管理，禁止用户在版块、词条、超话、群组等环节制作、复制、发布、传播网络暴力信息，禁止以匿名投稿、隔空喊话等方式创建含有网络暴力信息的论坛社区和群组账号。

网络论坛社区、网络群组的建立者和管理者应当履行管理责任，发现用户制作、复制、发布、传播网络暴力信息的，应当依法依约采取限制发言、移出群组等管理措施。

第二十条 公众账号生产运营者应当建立健全发布推广、互动评论等全过程信息内容安全审核机制，发现账号跟帖评论等环节存在网络暴力信息的，应当及时采取举报、处置等措施。

第二十一条 对违反本规定第十条的用户，网络信息服务提供者应当依法依约采取警示、删除信息、限制账号功能、关闭账号等处置措施，并保存相关记录；对组织、煽动、多次发布网络暴力信息的，网络信息服务提供者还应当依法依约采取列入黑名单、禁止重新注册等处置措施。

对借网络暴力事件实施营销炒作等行为的，除前款规定外，还应当依法依约采取清理订阅关注账号、暂停营利权限等处置措施。

第二十二条 对组织、煽动制作、复制、发布、传播网络暴力信息的网络信息内容多渠道分发服务机构，网络信息服务提供者应当依法依约对该机构及其管理的账号采取警示、暂停营利权限、限制提供服务、入驻清退等处置措施。

第五章 保护机制

第二十三条 网络信息服务提供者应当建立健全网络暴力信息防护功能，提供便利用户设置屏蔽陌生用户或者特定用户、本人发布信息可见范围、禁止转载或者评论本人发布信息等网络暴力信息防护选项。

网络信息服务提供者应当完善私信规则，提供便利用户设置仅接收好友私信或者拒绝接收所有私信等网络暴力信息防护选项，鼓励提供智能屏蔽私信或者自定义私信屏蔽词等功能。

第二十四条 网络信息服务提供者发现用户面临网络暴力信息风险的，应当及时通过显著方式提示用户，告知用户可以采取的防护措施。

网络信息服务提供者发现网络暴力信息风险涉及以下情形的，还应当为用户提供网络暴力信息防护指导和保护救助服务，协助启动防护措施，并向网信、公安等有关部门报告：

（一）网络暴力信息侵害未成年人、老年人、残疾人等用户合法权益的；

（二）网络暴力信息侵犯用户个人隐私的；

（三）若不及时采取措施，可能造成用户人身、财产损害等严重后果的其他情形。

第二十五条 网络信息服务提供者发现、处置网络暴力信息的，应当及时保存信息内容、浏览评论转发数量等数据。网络信息服务提供者应当向用户提供网络暴力信息快捷取证等功能，依法依约为用户维权提供便利。

公安、网信等有关部门依法调取证据的，网络信息服务提供者应当及时提供必要的技术支持和协助。

第二十六条 网络信息服务提供者应当自觉接受社会监督，优化投诉、举报程序，在服务显著位置设置专门的网络暴力信息快捷投诉、举报入口，公布处理流程，及时受理、处理公众投诉、举报并反馈处理结果。

网络信息服务提供者应当结合投诉、举报内容以及相关证明材料及时研判。对属于网络暴力信息的投诉、举报，应当依法处理并反馈结果；对因证明材料不充分难以准确判断的，应当及时告知用户补充证明材料；对不属于网络暴力信息的投诉、举报，应当按照其他类型投诉、举报的受理要求予以处理并反馈结果。

第二十七条 网络信息服务提供者应当优先处理涉未成年人网络暴

力信息的投诉、举报。发现涉及侵害未成年人用户合法权益的网络暴力信息风险的，应当按照法律法规和本规定要求及时采取措施，提供相应保护救助服务，并向有关部门报告。

网络信息服务提供者应当设置便利未成年人及其监护人行使通知删除网络暴力信息权利的功能、渠道，接到相关通知后，应当及时采取删除、屏蔽、断开链接等必要的措施，防止信息扩散。

第六章　监督管理和法律责任

第二十八条　网信部门会同公安、文化和旅游、广播电视等有关部门依法对网络信息服务提供者的网络暴力信息治理情况进行监督检查。

网络信息服务提供者对网信部门和有关部门依法实施的监督检查应当予以配合。

第二十九条　网信部门会同公安、文化和旅游、广播电视等有关部门建立健全信息共享、会商通报、取证调证、案件督办等工作机制，协同治理网络暴力信息。

公安机关对于网信、文化和旅游、广播电视等部门移送的涉网络暴力信息违法犯罪线索，应当及时进行审查，并对符合立案条件的及时立案侦查、调查。

第三十条　违反本规定的，依照《中华人民共和国网络安全法》、《中华人民共和国个人信息保护法》、《中华人民共和国治安管理处罚法》、《互联网信息服务管理办法》等法律、行政法规的规定予以处罚。

法律、行政法规没有规定的，由网信、公安、文化和旅游、广播电视等有关部门依据职责给予警告、通报批评，责令限期改正，可以并处一万元以上十万元以下罚款；涉及危害公民生命健康安全且有严重后果的，并处十万元以上二十万元以下罚款。

对组织、煽动制作、复制、发布、传播网络暴力信息或者利用网络暴力事件实施恶意营销炒作等行为的组织和个人，应当依法从重处罚。

第三十一条 违反本规定，给他人造成损害的，依法承担民事责任；构成违反治安管理行为的，依法给予治安管理处罚；构成犯罪的，依法追究刑事责任。

第七章 附 则

第三十二条 本规定所称网络暴力信息，是指通过网络以文本、图像、音频、视频等形式对个人集中发布的，含有侮辱谩骂、造谣诽谤、煽动仇恨、威逼胁迫、侵犯隐私，以及影响身心健康的指责嘲讽、贬低歧视等内容的违法和不良信息。

第三十三条 依法通过网络检举、揭发他人违法犯罪，或者依法实施舆论监督的，不适用本规定。

第三十四条 本规定自2024年8月1日起施行。

国家互联网信息办公室有关负责人就《网络暴力信息治理规定》答记者问

2024年6月12日，国家互联网信息办公室联合公安部、文化和旅游部、国家广播电视总局公布了《网络暴力信息治理规定》（以下简称《规定》）。国家互联网信息办公室有关负责人就《规定》相关问题回答了记者提问。

问：请您简要介绍《规定》出台的背景。

答：制定《规定》主要基于以下几个方面的考虑：一是深入贯彻

落实党中央决策部署。习近平总书记高度重视网络生态建设，强调“网络空间是亿万民众共同的精神家园”①，“健全网络综合治理体系，推动形成良好网络生态”②。中共中央、国务院印发的《新时代公民道德建设实施纲要》明确要“反对网络暴力行为”。二是及时回应人民群众关切。全国两会期间，多名代表委员强烈呼吁加快出台反网络暴力针对性立法，关于整治网络暴力的建议提案获得人民群众广泛响应。三是着力提升网络暴力信息治理效能。在网络安全法、个人信息保护法、《未成年人网络保护条例》等法律法规先后出台并作出相关制度设计的基础上，《规定》进一步建立网络暴力信息治理制度体系，有力提升治理效能。

问：《规定》所称网络暴力信息是指什么？

答：《规定》所称网络暴力信息，是指通过网络以文本、图像、音频、视频等形式对个人集中发布的，含有侮辱谩骂、造谣诽谤、煽动仇恨、威逼胁迫、侵犯隐私，以及影响身心健康的指责嘲讽、贬低歧视等内容的违法和不良信息。

问：《规定》明确的网络暴力信息治理原则是什么？

答：《规定》明确，网络暴力信息治理坚持源头防范、防控结合、标本兼治、协同共治的原则。

问：《规定》对网络暴力信息预防预警提出了哪些要求？

答：《规定》对网络暴力信息预防预警提出了明确要求。一是规定网络信息服务提供者应当在国家网信部门和国务院有关部门指导下细化网络暴力信息分类标准规则，建立健全网络暴力信息特征库和典型案例样本库，加强对网络暴力信息的识别监测。二是要求网络信息服务提供

① 中央网络安全和信息化委员会办公室：《习近平总书记关于网络强国的重要思想概论》，人民出版社2023年版，第91页。

② 中央网络安全和信息化委员会办公室：《习近平总书记关于网络强国的重要思想概论》，人民出版社2023年版，第86页。

者建立健全网络暴力信息预警模型，综合事件类别、针对主体、参与人数、信息内容、发布频次、环节场景、举报投诉等因素，及时发现预警网络暴力信息风险。三是规定网络信息服务提供者发现存在网络暴力信息风险的，应当及时回应社会关切，引导用户文明互动、理性表达，并对异常账号及时采取真实身份信息动态核验、弹窗提示、违规警示、限制流量等措施；发现相关信息内容浏览、搜索、评论、举报量显著增长等情形的，还应当及时向有关部门报告。四是规定网络信息服务提供者应当建立健全用户账号信用管理体系，将涉网络暴力信息违法违规情形记入用户信用记录，依法依约降低账号信用等级或者列入黑名单，并据以限制账号功能或者停止提供相关服务。

问：《规定》对网络暴力信息处置提出了哪些要求？

答：《规定》明确，网络信息服务提供者发现涉网络暴力违法信息的，或者在其服务的醒目位置、易引起用户关注的重点环节发现涉网络暴力不良信息的，应当立即停止传输，采取删除、屏蔽、断开链接等处置措施，保存有关记录，向有关部门报告。发现涉嫌违法犯罪的，应当及时向公安机关报案，并提供相关线索，依法配合开展侦查、调查和处置等工作。

问：《规定》对互联网新闻信息服务提供者提出了哪些要求？

答：《规定》明确，互联网新闻信息服务提供者应当坚持正确政治方向、舆论导向、价值取向，加强网络暴力信息治理的公益宣传。互联网新闻信息服务提供者不得通过夸大事实、过度渲染、片面报道等方式采编发布、转载涉网络暴力新闻信息。对互联网新闻信息提供跟帖评论服务的，应当实行先审后发。互联网新闻信息服务提供者采编发布、转载涉网络暴力新闻信息不真实或者不公正的，应当立即公开更正，消除影响。

问：针对群众普遍关心的用户权益保护问题，《规定》明确了哪些要求？

答：《规定》明确了网络暴力信息治理中的用户权益保护要求。一是建立健全网络暴力信息防护功能。要求网络信息服务提供者提供便利用户设置屏蔽陌生用户或者特定用户、本人发布信息可见范围、禁止转载或者评论本人发布信息等网络暴力信息防护选项。二是完善私信规则。要求网络信息服务提供者提供便利用户设置仅接收好友私信或者拒绝接收所有私信等网络暴力信息防护选项，鼓励提供智能屏蔽私信或者自定义私信屏蔽词等功能。三是告知用户采取防护措施。明确网络信息服务提供者发现用户面临网络暴力信息风险的，应当及时通过显著方式提示用户，告知用户可以采取的防护措施。四是及时保存证据。规定网络信息服务提供者发现、处置网络暴力信息的，应当及时保存信息内容、浏览评论转发数量等数据；应当向用户提供网络暴力信息快捷取证等功能，依法依约为用户维权提供便利。五是及时受理处理投诉、举报。要求网络信息服务提供者在服务显著位置设置专门的网络暴力信息快捷投诉、举报入口，公布处理流程，及时受理、处理公众投诉、举报并反馈处理结果；应当优先处理涉未成年人网络暴力信息的投诉、举报，发现涉及侵害未成年用户合法权益的网络暴力信息风险的，应当按照法律法规和《规定》要求及时采取措施，提供相应保护救助服务，并向有关部门报告。

问：《规定》对部门监督管理工作机制作出了哪些规定？

答：《规定》明确，网信部门会同公安、文化和旅游、广播电视等有关部门依法对网络信息服务提供者的网络暴力信息治理情况进行监督检查，建立健全信息共享、会商通报、取证调证、案件督办等工作机制，协同治理网络暴力信息。公安机关对于网信、文化和旅游、广播电视等部门移送的涉网络暴力信息违法犯罪线索，应当及时进行审查，并对符合立案条件的及时立案侦查、调查。

（来源：国家互联网信息办公室网站）

指导案例、典型案例与解读

司法部发布第四批贯彻实施新修订行政复议法典型案例

（2024 年 11 月 20 日）

案件一　文某、宋某不服四川省某市自然资源和规划局不予行政许可决定行政复议案

案件二　次某等 5 人不服西藏自治区某委员会政府信息公开行政复议案

案件三　某村民组不服安徽省某县人民政府山林权权属争议处理决定行政复议案

案件四　赵某不服吉林省某市辖区房屋征收经办中心未履行行政协议行政复议案

案件五　徐某等不服北京市某经济技术开发区管理委员会设置房屋限制转移登记行政复议案

案件六　王某不服江苏省某街道办事处未交付质量合格安置房行政复议案

案例一

文某、宋某不服四川省某市自然资源和规划局不予行政许可决定行政复议案

【关键词】

行政复议中止　电梯增设　不予行政许可　调查询问　修订规范性文件　撤回复议申请

【基本案情】

申请人文某、宋某等人系某老旧小区业主，因出行不便，向被申请人四川省某市自然资源和规划局提出增设电梯申请。被申请人受理后，认为申请人增设的电梯位于临街面，且突出于建筑主体立面，按照某市住房和城乡建设局等七部门《关于进一步推进既有住宅电梯增设工作的实施意见》（以下简称《意见》）要求，作出暂不能批复同意的回复。申请人对回复不服，认为增设电梯位置虽位于临街面，但并不破坏建筑立面整体风格，且应充分考虑老旧小区的实际情况，遂向市人民政府申请行政复议，请求撤销被申请人作出的回复，并对增设电梯申请重新审查。

【复议办理】

行政复议机构认为，老旧小区增设电梯是群众急难愁盼的民生事项。为有效解决行政争议，行政复议机构进行了现场调查及听取意见，了解到拟增设电梯单元老年人居民占比达60%，增设电梯意愿非常强烈，且已征得相邻权人同意。通过现场勘查发现，拟增设电梯单元所临

街道并非城市主要道路，单元楼与街道之间有围墙遮挡，且与街道不平行，对城市风貌影响不大。行政复议机构进一步听取被申请人意见，了解到导致被申请人不能批复同意的原因是《意见》第五条关于“原则上不得在建筑临街面设置电梯”的规定。调查中，行政复议机构还了解到，该《意见》正在修订之中。

为实质化解行政争议，行政复议机构决定组织双方进行调解。行政复议机构适用2023年修订的行政复议法的相关规定，在取得当事人同意后中止该起案件审理，为调解工作提供时间保证。案件中止审理期间，行政复议机构向申请人释明，被申请人不予审批同意并未违反现有文件规定；同时向被申请人指出，行政主体实施行政行为应当兼顾实现行政目标和保护相对人权益，将不利影响限制在尽可能小的范围和限度之内。针对《意见》正在修订的情况，敦促行政机关对《意见》第五条作出相应修改完善。行政复议机构提出问题解决方案，由申请人进一步优化设计方案，保持外墙风格与街道风格总体一致，重新向被申请人提交增设电梯申请；被申请人尽快完成对《意见》的修订，并及时审查申请人重新提交的设计方案，双方当事人均予认可。之后，行政复议机构指导被申请人将《意见》第五条修改为“原则上不得在建筑临街面设置，内部设置确有困难或无法平层入户的，可临街设置，但不得破坏建筑立面整体风格，电梯外观材质应采用高品质材质”。被申请人按照修订后的《意见》审查通过了申请人重新报送的设计方案。因当事人和解，行政复议中止原因消除，行政复议机构依法恢复案件审理，申请人撤回行政复议申请，行政复议终止。

【典型意义】

以调解协商方式及时解决矛盾纠纷，是坚持和发展新时代“枫桥经验”的客观要求。2023年修订的行政复议法扩大了调解的适用范围，同时设立了一系列相关工作机制和工作程序，确保行政复议调解制度的有效落实。根据2023年修订的行政复议法第三十九条第一款第六项规定，依照本法规定进行调解、和解，申请人和被申请人同意中止的，行政复议中止，以解决调解所需时间与复议审理时限规定的冲突问题。本案中，行政复议机构正确适用行政争议中止工作机制，为后续开展调解工作赢得了时间，创造了条件。行政复议机构深入现场进行调查询问，查清了事实和纠纷的关键点，为调解化解纠纷打下了必要基础。同时，行政复议机构积极推动行政机关对有关规范性文件进行修订，从个案监督到类案规范，从源头上预防类似纠纷的发生，达到了办理一案、规范一类行为的良好效果。

案例一专家点评

正确适用行政复议调解机制　实现从个案监督到类案规范

——文某、宋某不服四川省某市自然资源和规划局不予行政许可决定行政复议案

解志勇*

2023年修订的行政复议法将行政复议调解作为一项基本原则写入第一章总则中，要求行政复议机关在案件办理全流程、各环节有针对性地加强调解工作。此次修订不仅扩大了行政复议调解的适用范围，还设立了一系列工作机制与程序，确保行政复议调解制度的有效落实。《司法部关于进一步加强行政复议调解工作推动行政争议实质性化解的指导

* 中国政法大学比较法学研究院院长、教授。

意见》进一步规定，对于当事人有明显调解意愿但期限不足的，在征得当事人同意后，行政复议机构可以运用行政复议中止制度，以妥善解决调解所需时间与行政复议审理时限规定之间的冲突。本案中，行政复议机构积极引导和促进当事人通过调解方式达成共识，并正确适用行政复议中止工作机制，及时化解行政纠纷，具有一定的示范作用。

一、行政复议调解的运用

2023年修订的行政复议法第五条第一款规定："行政复议机关办理行政复议案件，可以进行调解"。行政复议调解是指行政复议机构在办理行政复议案件过程中，组织申请人和被申请人就行政争议进行协商、化解行政争议的活动。行政复议调解的优势在于能够促使双方当事人在合法、自愿、平等的基础上进行沟通，寻找双方都能接受的解决方案。本案中，申请人文某、宋某等人作为老旧小区业主，因出行不便提出增设电梯的申请，行政机关根据某市住房和城乡建设局等七部门《关于进一步推进既有住宅电梯增设工作的实施意见》（以下简称《意见》）不予批复。通过深入调查，行政复议机构了解了申请人增设电梯的实际需求和被申请人的审批依据，找到了双方争议的焦点；同时，敏锐地捕捉到《意见》正在修订的契机，通过释法说理、指导被申请人修订《意见》等方式，深入开展调解工作，既解决了申请人的实际困难，又维护了行政机关的权威性和公信力，促成这起争议得到彻底化解。

二、行政复议中止机制的适用

根据2023年修订的行政复议法第三十九条第一款第六项规定，行政复议期间依照本法规定进行调解、和解，申请人和被申请人同意中止的，行政复议中止。正确适用行政复议中止机制，不仅能够避免因时间紧迫而可能导致的调解不彻底或调解失败，行政复议机构还能更深入地了解双方当事人的诉求和分歧，从而更有针对性地开展调解工作。本案中，行政复议机构正确适用中止案件审理的规定，解决调解所需时间与行政复议审理时限规定的冲突问题，为调解工作提供了充足的时间保障，这是行政复议机构灵活运用程序规定，实质性化解行政争议的重要体现。

三、从个案监督到类案规范

“监督和保障行政机关依法行使职权”是2023年修订的行政复议法规定的行政复议功能之一。行政复议机关在依法强化个案监督的同时，应当坚持“办理一案、规范一片”，充分发挥行政复议“抓前端、治未病”的制度功能，倒逼各级行政执法机关提升依法行政水平，推动法治政府建设。本案中，导致被申请人未批复同意增设电梯的原因是《意见》中关于“原则上不得在建筑临街面设置电梯”的规定。行政复议机构了解到《意见》正在修订，积极指导行政机关结合实际对相关条款进行修订与完善，不仅解决了申请人的具体需求，也为解决类似案件提供了更加合理的政策依据，体现了行政复议在提升社会治理效能方面的独特作用。

案例二

次某等5人不服西藏自治区某委员会政府信息公开行政复议案

【关键词】

争议源头治理　土地租赁　政府信息公开　整合行政资源化解

【基本案情】

申请人次某等 5 人在西藏某县某村拥有合法草场承包经营权，因当地规划建设光伏+光热一体化新能源项目，某新能源公司与申请人所在村委会签订了土地租赁合同，申请人经营的草场属于租赁土地范围。2024 年 1 月 27 日，申请人次某等 5 人向被申请人西藏自治区某委员会提出政府信息公开申请，申请公开案涉光伏发电项目的立项批复文件、开发建设方案和竞争性配置项目办法等政府信息。申请人对被申请人答复行为不服，遂向自治区人民政府提出行政复议申请，请求确认被申请人行政行为违法。

【复议办理】

行政复议机构初步审查发现，申请人以政府信息公开申请的形式反映问题，实质上是对光伏发电项目租赁土地（天然草场）的租金不满。行政复议机构经多次听取申请人意见，查知该土地（天然草场）租赁事项涉及 11753. 2 亩土地，以 5 位申请人为代表的当地 102 户村民实际利益诉求是提高租赁土地（天然草场）的租金标准，只处理政府信息公开申请不能从根本上解决申请人的实际利益诉求，应从租金入手化解双方纠纷。行政复议机构进一步了解，该事项涉及县政府和发展改革、自然资源等多个职能部门及某新能源公司，遂主动协调邀请有关部门和某新能源公司一起反复磋商，考虑到保障村民长远生计，促成公司同意提高租金标准后，深入申请人所在村委会与村“两委”班子及 5 位村民代表进行反复沟通，最终促使公司与申请人所在村委会签订《土地租赁补充协议》，提高了案涉土地（天然草场）的租金标准，每亩增加租金 200 元。申请人主动撤回行政复议申请，行政复议机关依法终止行政复议。

【典型意义】

2023年修订的行政复议法将“发挥行政复议化解行政争议的主渠道作用”写入立法目的，实现行政争议实质性化解是加强主渠道建设的客观要求和关键举措。本案形式上是申请人不服政府信息公开申请处理行为，实质诉求是增加土地租金。行政复议机构打破“就事论事”“机械办案”思维，通过调查准确把握申请人的真实利益诉求，避免了程序空转，推动了行政争议的真正解决。同时，行政复议机构充分发挥统筹协调作用，整合各相关行政机关及其行政资源，形成化解行政纠纷的合力。通过参与行政争议的调解协商，促成某新能源公司与村委会签订《土地租赁补充协议》，既维护了村民权益，又帮助企业顺利推进项目实施，为纠纷的实质性化解提供了重要保证。

案例二专家点评

行政复议机构整合行政资源　实质性化解土地租赁纠纷

——次某等5人不服西藏自治区某委员会政府信息公开行政复议案

解志勇*

2023年修订的行政复议法明确发挥行政复议化解行政争议的主渠道作用，实质性化解行政争议是打造化解行政争议主渠道的客观要求和关键举措。在次某等5人不服西藏自治区某委员会政府信息公开行政复

* 中国政法大学比较法学研究院院长、教授。

议案中，行政复议机构通过调查准确把握申请人的真实利益诉求，充分发挥统筹协调、整合行政资源的优势，避免了程序空转，从根本上推动解决行政争议，是行政复议化解行政争议主渠道作用的生动体现。

一、精准识别争议，实现源头治理

精准识别争议是行政复议机构能够实质性化解的前提。本案中，申请人次某等5人表面上是不服政府信息公开申请处理行为，但实质上是对光伏发电项目租赁其草场的租金标准不满。行政复议机构在初步审查阶段就敏锐地捕捉到了这一点，没有局限于申请政府信息公开的表象，而是深入调查申请人的真实利益诉求，为实质性化解行政争议奠定了基础。

二、整合行政资源，形成化解合力

行政复议机构在了解申请人的真实诉求后，主动协调有关部门和新能源公司一起反复磋商。这种整合相关资源的做法，使得行政复议机构能够从一个更高层面、更广视角来审视和解决行政争议。通过多方协作，不仅推动了申请人所在村委会与某新能源公司签订《土地租赁补充协议》，提高了租金标准，还确保了项目的顺利实施，实现了政府、企业和村民之间的共赢。

三、通过复议调解，实质化解争议

2023年修订的行政复议法将调解写入第一章总则中，实现了调解对各类复议案件的全覆盖。《司法部关于进一步加强行政复议调解工作推动行政争议实质性化解的指导意见》对行政复议调解制度作了进一步细化规定。通过调解协商，行政复议机构能够更直接地了解当事人的诉求和困难，更灵活地解决问题，从而更有效地化解行政争议。本案中，行政复议机构落实行政复议调解工作的相关规定，深入申请人所在村委会，与村“两委”班子及村民代表进行反复沟通，最终促成了《土地租赁补充协议》的签订。

案例三

某村民组不服安徽省某县人民政府山林权权属争议处理决定行政复议案

【关键词】

协调多方调解　山林权权属　行政确权　现场勘查　化解林地边界纠纷

【基本案情】

1980年初，申请人安徽省某县甲村民组和第三人乙村民组在进行林地初始登记时，由于签章不全、留存证据不足，双方一直没有划定清晰的林地界线。2021年12月，申请人在砍伐案涉争议山场林木时，第三人阻止被伐林木外运并要求赔偿。为此，申请人向人民法院提起民事诉讼，虽经协商后申请人撤诉，但纠纷依旧未能解决。其后，当地政府又组织了数次调解但协商无果。申请人遂向被申请人安徽省某县人民政府（省直管县）申请裁决。2023年10月31日，被申请人作出《山林权权属争议处理决定书》，决定1871.9平方米争议山场归各半所有。申请人不服该决定，向省人民政府申请行政复议。

【复议办理】

行政复议机构初步审查查明，两村民组林地相邻，申请人和第三人均有林权证，但四至登记表述不够清晰、准确，双方就地界的理解未达成一致。行政复议机构组织实地勘查，发现土地登记距今已四十余年，争议林地地貌发生巨大变化。双方林权证上的记载边界不清，不能直接作为确权依据，应认定为双方都不能提供确凿权属证据。根据《安徽省山林权纠纷调处办法》第十一条“双方都不能提供确凿权属证据的山林，其权属主要根据自然地形，照顾双方生产、生活状况，合理确定”的规定，行政复议机构认为，被申请人决定争议区域林地双方各半所有合法适当。

行政复议机构审查中发现，该案争议根源在于申请人与第三人之间的林地边界纠纷，矛盾症结是争议区域林木收益分配的问题，争议双方希望行政复议机构对此予以处理。行政复议机构在维持原行政行为的同时，决定调解解决林地边界纠纷。行政复议机构一方面整合行政资源，先后协调县政府、自然资源局、林业局等部门，深入乡镇、村委会、村民组和林地现场调查、走访，还原当年林地办证过程，并结合近期发生的林木砍伐争议，向申请人释明行政机关的决定合法适当，说服当事人认可被申请人的确权决定。另一方面督促被申请人及有关部门及时完成现场勘查定界工作，避免争议再次发生。同时，组织申请人、第三人就林地收益问题协商调解达成一致，确认从争议林地面积中划出一半归申请人所有，并立即确定界址标志；由村委会协调补偿第三人主张的木材损失；收回双方原有林权证，依新址重新登记发证。最终，申请人撤回行政复议申请，该案涉及的行政争议及民事争议均得到妥善化解。

【典型意义】

发挥行政复议化解行政争议的主渠道作用，要求行政复议机关准确把握申请人的深层次利益诉求，彻底解决行政争议“背后”的利益纠纷。在山林权确权行政争议中常常交织着当事人与第三人之间的林地边界、林木收益分配等冲突。在审查行政机关行政确权行为合法性、适当性的基础上，以调解的方式解决相关纠纷，才能保证争议的实质性化解。本案中，行政复议机构经过深入细致的实地勘查和证据审查，依法对行政行为作出评判。同时又充分发挥行政系统内资源优势，协调县政府及其有关部门、镇、村等多方力量，抓住争议区域林木出售收益这个引发争议的“导火索”，引导双方就林木收益分配达成一致，指导行政机关及时重新定界和登记发证，促使一起长达四十余年的矛盾纠纷成功化解。

案例三专家点评

协调多方共同参与调解　实现确权争议实质性化解

——某村民组不服安徽省某县人民政府山林权权属争议处理决定行政复议案

刘泽军*

本案争议根源在于申请人与第三人之间的林地边界纠纷，矛盾症结是争议区域林木收益分配问题。本案的复杂之处在于当事人并不限于作出原行政行为的行政机关和行政复议申请人双方，与案涉山林权权属有利害关系的第三人乙村民组同样有理由认为其对林地享有权利。行政复议申请人与第三人乙村民组之间的请求相互对立，如果单纯围绕行政复议申请人的请求内容进行审查，势必导致乙村民组不服，进而再次寻求行政复议或者行政诉讼等渠道救济自身权利，导致案涉山林权权属争议

* 北方工业大学文法学院院长、教授。

无法得到实质性化解。因此，在本案中行政复议机关主动邀请第三人参与行政复议调解，并促进调解结果的履行，实现实质性化解行政争议。本案的示范意义如下。

第一，对于合法的行政行为，在作出维持决定的同时对当事人进行释明，使当事人明确相关法律规定，增强对行政复议结果的认同。《司法部关于进一步加强行政复议调解工作推动行政争议实质性化解的指导意见》规定，增强调解工作针对性，对行政行为存在违法或不当问题的，要推动被申请人主动采取自我纠错或者补救措施；对仅因申请人存在误解或者不满情绪引发争议的，要做好解释说明和情绪疏导工作。在本案中，申请人和第三人均有林权证，但双方林权证上的记载边界不清，不能直接作为确权依据，应认定为双方都不能提供确凿权属证据。故行政机关依据《安徽省山林权纠纷调处办法》第十一条的规定作出行政裁决，决定争议区域林地双方各半所有合法适当。但是申请人和第三人均认为自身对于案涉林地享有全部权利，因此即使行政裁决决定和行政复议决定合法适当，申请人和第三人大概率也不会认可，进而会继续通过提起诉讼等方式寻求权利救济。因此，行政复议机关向申请人释明行政机关的决定合法适当，同时组织申请人、第三人就林地收益问题协商达成一致，并由村委会协调补偿第三人主张的木材损失，提高申请人和第三人对于行政复议决定的接受程度，实现了行政复议实质性化解行政争议的目标。

第二，行政复议机构后续作出一系列相关行政行为，保障申请人和第三人利益的实现。行政复议机构在维持原行政行为的同时，发挥行政系统内部优势，整合行政资源，先后协调督促被申请人及有关部门及时完成现场勘查定界工作，避免争议再次发生。同时为了巩固调解成果，组织申请人、第三人就林地收益问题协商达成一致，收回双方原有林权证，依新址重新登记发证，最终实现行政争议和民事争议均得到妥善化解。

案例四

赵某不服吉林省某市辖区房屋征收经办中心未履行行政协议行政复议案

【关键词】

人民调解员参与　房屋征收　拒绝履行补偿协议　和解

【基本案情】

2011年7月，因某项目建设需要，被申请人吉林省某市辖区房屋征收经办中心委托某乡人民政府与申请人赵某签订《产权置换协议》，约定以房屋置换的方式对申请人进行安置，将申请人《私有房屋所有权证》记载的72平方米房屋置换为90平方米期房。因该项目回迁安置房屋建设逾期，为保障赵某权益，2020年12月，被申请人与申请人签订《货币补偿协议》，约定将《产权置换协议》中的期房安置变更为货币安置，补偿费用按照《私有房屋所有权证》记载的72平方米计算。在发放补偿款过程中，被申请人发现房屋档案记载面积为55平方米，与申请人持有的《私有房屋所有权证》记载面积不一致，因此拒绝履行《货币补偿协议》。申请人不服，向区人民政府申请行政复议。

【复议办理】

行政复议机构审查认为，按照《国有土地上房屋征收与补偿条例》规定，当事人双方订立的《货币补偿协议》在合同订立主体、合同目的、合同内容等方面均符合行政协议特征，该案争议属于未按照约定履行行政协议，故依据2023年修订的行政复议法的规定立案受理。本案争议焦点在于被征收房屋面积的客观真实情况。行政复议机构分别向申请人和被申请人进行调查了解，仔细审查房屋登记信息底档、《私有房屋所有权证》、《产权置换协议》和《货币补偿协议》等证据材料，对于记载面积不一致的问题，经多方查证仍无法确定房屋的真实面积，且由于被征收房屋已灭失，不能重新组织测量，无法证实申请人所持《私有房屋所有权证》载明面积的真实性，导致案件事实无法查明。

为打破争议房屋面积无法查明的僵局，使争议得到实质性化解，行政复议机构主持调解，邀请申请人住所地基层人民调解员参与案件办理，向申请人详细解读政策，分析本地区同类案件处理情况及结果，取得申请人信任，化解申请人的对立情绪。同时指出被申请人在没有核实房屋登记信息底档的情况下就签订《货币补偿协议》，导致协议无法履行。最终指导被申请人与申请人达成和解方案，双方按照产权证登记面积进行货币补偿，并由被申请人保障申请人的搬迁费等安置费用。据此，双方当事人重新签订了补偿协议，申请人撤回行政复议申请，行政复议终止。

【典型意义】

行政复议调解为公正高效解决行政争议提供了更多的路径选择。实践中，行政复议机关贯彻实施 2023 年修订的行政复议法，不断丰富行政复议调解工作方式方法，解决了一大批涉及群众切身利益的纠纷“难题”。本案中，被征收房屋面积的证据之间存在矛盾，且房屋已拆除无法实际测量，无法确定补偿数额，导致补偿工作陷入僵局。行政复议机构在案涉争议无法查明客观事实的情况下，以行政复议调解和解“破局”，邀请人民调解员参与行政复议调解和解工作，通过释明指引、讲法说理，消减了双方的对立情绪，双方握手言和，化解了一个看似“无解”的纠纷，解决了困扰申请人多年的房屋征收安置补偿问题。

案例四专家点评

以和解促沟通　以对话化争议

——赵某不服吉林省某市辖区房屋征收经办中心未履行行政协议行政复议案

陈天昊*

2023年修订的行政复议法为行政协议争议开辟行政复议救济渠道，明确当事人认为"行政机关不依法订立、不依法履行、未按照约定履行或者违法变更、解除政府特许经营协议、土地房屋征收补偿协议等行政协议"的，可以申请行政复议。行政协议是行政机关为实现行政管理或者公共服务目标，与公民、法人或者其他组织协商订立的具有行政法上权利义务内容的协议。要言之，行政协议是行政机关希望通过各方当事人平等协商、意思表示达成一致来实现行政管理或公共服务目标的一种法律工具。作为一种柔性治理方式，行政协议契合现代社会的多元性、市场化特征，能够更好地调动市场力量、社会力量，激励他们与行政机关共同携手实施公共治理。

本案争议发生在行政协议的履行阶段，而在履约争议背后，隐藏着案涉协议的效力争议。具体而言，双方当事人适用《国有土地上房屋征收与补偿条例》先后签订《产权置换协议》和《货币补偿协议》，此类协议构成土地房屋征收补偿协议，是法律明确规定的有名行政协议。在协议缔结后，行政机关发现补偿面积存疑，遂中止合同履行，对方当

* 清华大学公共管理学院副教授、博士生导师。

事人不服，申请行政复议要求行政机关依约履行。对于行政机关而言，房屋登记信息底档与《私有房屋所有权证》对房屋面积记载不一致，可能导致原协议约定的补偿面积存在错误。若约定的补偿面积确实存在错误，那么行政机关可依照民法典的相关规定主张重大误解，从而可能获得对协议的撤销权。正是基于此协议效力上的考虑，行政机关拒绝继续履行协议。然而，由于房屋本身已经灭失，房屋补偿面积到底是多少在事实上已经无从查证，这就使得行政机关缺乏足够的证据来论证其存在重大误解，由此导致协议既未获得继续履行，也无法在法律上对其效力进行否定。

2023年修订的行政复议法规定了和解制度，这为争议双方走出上述困局提供了恰当工具。其第七十四条规定："当事人在行政复议决定作出前可以自愿达成和解，和解内容不得损害国家利益、社会公共利益和他人合法权益，不得违反法律、法规的强制性规定。当事人达成和解后，由申请人向行政复议机构撤回行政复议申请。行政复议机构准予撤回行政复议申请、行政复议机关决定终止行政复议的，申请人不得再以同一事实和理由提出行政复议申请。但是，申请人能够证明撤回行政复议申请违背其真实意愿的除外。"这样的制度安排为争议双方基于具体个案展开充分对话提供了支撑。行政协议中，各方当事人之间往往会通过合同建立复杂的利益关系，和解制度能够帮助各方明确各自的实际诉求，从而为实质性化解纠纷提供了可能。特别是行政复议机关作为上级机关介入指导，让争议各方既能够站在全局的角度看待彼此的具体争议，也能够努力避免和解内容损害国家利益、社会公共利益，最终找到彼此利益的最大公约数，达成和解协议，实质性化解纠纷。

案例五

徐某等不服北京市某经济技术开发区管理委员会设置房屋限制转移登记行政复议案

【关键词】

市区两级联合调解　限制转移登记　调解会　自行纠错　“一揽子”化解

【基本案情】

2023年8月，北京市某镇政府认定申请人徐某等16人未经规划许可私自在原房屋上加盖简易房，属于违法建设，遂作出23份《限期拆除（回填）决定书》，要求其限期拆除。此后，某镇政府又向北京市某经济技术开发区管理委员会（以下简称某管委会）发送《关于协助暂停办理房产登记的函》，要求暂停办理该批房产登记。据此，某管委会陆续对该批房屋设置了限制转移登记。申请人不服，于2024年3月以某管委会为被申请人，向市政府提出16件行政复议申请，请求撤销该管委会作出的房屋限制转移登记行为。

【复议办理】

一方面，市政府行政复议机构受理申请后审查发现，申请人此前曾以某镇政府为被申请人向某区政府提出16件行政复议申请，请求撤销某镇政府作出的《关于协助暂停办理房产登记的函》，案件正在办理过程之中。行政复议机构认为，某管委会作出的限制转移登记与某镇政府作出的《限期拆除（回填）决定书》《关于协助暂停办理房产登记的函》等前期行为具有高度的关联性，故决定对申请人分别向某区政府和市政府提出的共32件申请进行一并处理。市政府行政复议机构通过现场调查发现，本案关系老旧小区改造工程，交织数个行政行为，涉及某镇政府、某区政府、某管委会多级行政主体，遂启动市、区两级案件联合调解机制，市政府和某区政府行政复议机构分工合作，共同开展调解。针对23份《限期拆除（回填）决定书》在送达程序上存在瑕疵且某镇政府已撤销部分决定书的情况，某区政府行政复议机构督促某镇政府撤销剩余的决定书，推动行政机关自行纠错。在此基础上，市、区两级行政复议机构与申请人多次沟通促成双方同意调解后，联合召开由申请人、某镇政府、某管委会参加的案件调解会，行政复议机构向当事人释明，根据《北京市城乡规划条例》规定，执法机关作出责令限期改正或者限期拆除决定的，应当通知规划自然资源主管部门暂停办理不动产登记手续，在某镇政府作出对案涉房屋限期拆除决定且未被撤销前，某管委会依据某镇政府的申请作出限制转移登记的行为符合上述规定。鉴于《限期拆除（回填）决定书》因程序瑕疵被撤销，建议由某镇政府申请，某管委会自行纠正限制转移登记行为。另一方面，申请人未经规划许可私自加盖简易房，属于违法建设，依法应当拆除。经行政复议机构主持调解，申请人承诺配合拆除违法建设，某镇政府做好违建拆除后房屋的恢复和安全措施配建工作。申请人当场撤回向市、区两级行政复议机关提交的32件行政复议申请。

【典型意义】

行政复议是矛盾纠纷多元化解机制的重要组成部分，在行政争议实质性化解中发挥着不可替代的作用。作为行政系统内部监督制度，行政复议具有统筹调配各类行政资源化解争议的重要制度优势。2023年修订的行政复议法实施后，各级行政复议机构积极履职、多方联动，运用调解制度定分止争，取得了良好社会效果。本案中，行政复议机构正确适用调解工作机制，在推动行政机关自行纠错基础上，探索关联性行政复议案件"一揽子"调解的创新实践，充分利用市政府的统筹协调优势，通过市、区两级案件联合办理，对申请人提出的关联案件同步开展调解，统一调解标准、统一法律认定，统一处理方式，一次性化解了32起行政争议，彰显了行政复议公正高效、便民为民的制度优势，真正做到案结事了，为提升社会治理法治化水平作出了积极贡献。

案例五专家点评

市区两级复议机构联合调解　共促行政争议公正高效化解

——徐某等不服北京市某经济技术开发区管理委员会设置房屋限制转移登记行政复议案

刘泽军*

2023年修订的行政复议法第五条规定："行政复议机关办理行政复议案件，可以进行调解。调解应当遵循合法、自愿的原则，不得损害国家利益、社会公共利益和他人合法权益，不得违反法律、法规的强制性规定。"该条规定位于行政复议法总则部分，意味着将《行政复议法实施条例》第五十条规定的有限调解原则扩展为全面调解原则。自此，行政复议调解成为贯穿行政复议全过程的基本原则。在符合合法性和自愿性原则的前提下，各类行政争议都可以进行调解。本案对于行政复议调解制度的适用有三方面的指导示范意义。

第一，对于行政复议申请人分别向区政府和市政府提出的具有交叉关系的数个行政行为进行一并处理。《司法部关于进一步加强行政复议

* 北方工业大学文法学院院长、教授。

调解工作推动行政争议实质性化解的指导意见》规定，加大“一揽子”调解力度，对行政争议的产生与其他行政行为密切相关，适合由行政复议机构一并调解的，组织各方进行调解，真正做到一并调解、案结事了。与采取行政复议决定结案的方式相比，行政复议调解制度的优势在于行政复议机关可以对当事人之间存在的多种矛盾进行一并调解，进而一并解决。本案中，数个申请人因对某镇政府作出的决定和某管委会作出的限制该批房屋转移登记行为不服，分别以某镇政府、某管委会为被申请人提出了数个行政复议申请。市级行政复议机构经审查认为数个行政复议申请具有高度的关联性，故而进行一并处理。该种方式彰显了行政复议灵活高效、便民为民的制度优势。

第二，创新性地运用市、区两级案件联合调解机制。根据 2023 年修订行政复议法第二十四条关于行政复议管辖的相关规定，本案中数名申请人对于某镇政府作出的《关于协助暂停办理房产登记的函》不服而提起的行政复议应当由某区政府管辖，而对于某管委会实施的限制该批房屋转移登记的行为不服应当由市政府管辖。但是，考虑到上级行政复议机关与下级行政复议机关同属于行政系统内部，具有领导与被领导关系，因此，通过行政复议调解化解行政争议并不当然受制于上述级别管辖的规定。《司法部关于进一步加强行政复议调解工作推动行政争议实质性化解的指导意见》规定，对于涉及面广、利益关系复杂、影响力大、社会关注度高的行政复议案件，行政复议机构要提请行政复议机关组织被申请人和相关政府部门共同参与调解，整合行政资源，推动实质性化解。本案中，由市级行政复议机构牵头，创新性地采取市、区两级案件联合调解机制，市政府和某区政府行政复议机构分工合作，找准当事人之间的矛盾症结后共同开展调解，最终达成合意，申请人撤回向市、区两级行政复议机关提交的 32 件行政复议申请。

第三，在综合判定行政行为合法性的基础上，督促行政机关自我纠错。根据 2023 年修订行政复议法第一条规定，行政复议兼具防止和纠正违法或者不当行政行为，保护公民、法人和其他组织的合法权益，以及监督和保障行政机关依法行使职权等复合制度功能。因此，行政复议调解需要以对行政行为进行合法性审查为前提。本案在适用行政复议调解制度过程中，行政复议机构查明《限期拆除（回填）决定书》在送达程序上存在瑕疵且某镇政府已撤销部分决定书的情况，据此督促某镇政府撤销剩余的决定书，同时推动某管委会根据某镇政府申请自行纠正限制转移登记行为，以此实现推动行政机关自行纠错。这一做法既运用调解制度定分止争，又对行政行为进行了全面的合法性审查，取得了良好社会效果。

案例六

王某不服江苏省某街道办事处未交付质量合格安置房行政复议案

【关键词】

复议决定履行期间调解　拆迁补偿安置　行政协议　听证　实质性化解

【基本案情】

2012年，被申请人江苏省某街道办事处委托某拆迁公司与申请人王某签订了《拆迁补偿安置协议书》，其中约定在某安置小区为申请人安置两套房屋，但是协议未明确约定履行期限、违约责任等内容。2018年，该安置小区由建设单位组织竣工验收合格。2024年1月，申请人签署了项目安置结算清单，并在该小区自选了两套安置房屋。其后，申请人发现其中一套房屋房顶漏水现象明显，向被申请人申请调换房屋，但被申请人以该安置房屋房顶漏水不属于调换房屋的法定情形为由予以拒绝。申请人不服，向区人民政府申请行政复议。

【复议办理】

行政复议机构审查认为，本案系在履行行政协议中产生的争议，主要焦点在于行政协议对违约责任约定不明确时，被申请人如何承担违约责任。鉴于案情比较复杂，行政复议机构组织召开听证会。在听证会上，申请人要求调换房屋，被申请人主张由申请人维修并由被申请人支付维修款。针对当事人诉求差异较大的情况，行政复议机构进行调解：一方面，向被申请人指出，根据建筑法相关规定，建筑工程竣工时，屋顶、墙面不得留有渗漏、开裂等质量缺陷，且建筑工程实行质量保修制度。被申请人交付的房屋存在漏水问题，属于未按照协议约定全面履行安置房交付义务，理应承担相应的维修责任。另一方面，向申请人释明，参照有关法律法规和规范性文件的规定，房屋主体结构经检验确属质量不合格，或者因房屋质量问题严重影响正常居住使用等情形的，申请人可以要求调换房屋，案涉房屋房顶漏水不属于调换房屋的情形。经调解，申请人虽然不再坚持调换房屋，但要求被申请人维修房屋并给付较大数额赔偿款。被申请人认为申请人不能同时主张维修房屋和赔偿损失，双方未能协商一致。行政复议机关作出行政复议决定，责令被申请人针对安置房漏水质量问题采取补救措施。

在复议决定履行阶段，考虑到本案履行较为复杂、容易再次发生矛盾，行政复议机构决定对被申请人的履行行为进行监督指导，并组织争议双方就补救措施的具体细节进一步开展调解，明确被申请人查明房屋漏水原因后进行修缮，并参照《建设工程质量管理条例》的相关规定承诺保修五年。考虑到申请人在房屋修缮期间需租赁房屋，会产生一定费用，故由被申请人给予适当经济补偿。对此，双方均表示满意，争议得到实质性化解。

【典型意义】

2023年修订的行政复议法在总则中规定，行政复议机关办理行政复议案件，可以进行调解，这意味着行政复议机关办理各类行政复议案件均可以进行调解，且调解贯穿行政复议案件办理的全过程。本案中，行政复议机构以厘清法律责任为基础，兼顾行政成本和行政效率，在修理成本远低于调换房屋的耗费，且不损害申请人合法权益的情况下，坚持和落实比例原则，以修理优先为基调进行调解，是践行行政复议调解制度的有益探索。在复议审理阶段调解未达成一致情况下，继续本着实质性化解争议目标，在复议决定履行阶段进一步进行调解，加强对被申请人履行复议决定的监督指导，推动形成了兼具确定性和可操作性的履行方案，实现了行政争议一次性彻底解决，体现了行政复议公正高效、便民为民的工作原则。

案例六专家点评

行政协议纠纷中的违约、调解与合意

——王某不服江苏省某街道办事处未交付质量合格安置房行政复议案

陈天昊*

2023年修订的行政复议法进一步完善了行政复议调解的制度安排，让调解发挥更加积极主动的作用。主要包括三个方面：其一，第七十三

* 清华大学公共管理学院副教授、博士生导师。

条第一款规定："当事人经调解达成协议的，行政复议机关应当制作行政复议调解书，经各方当事人签字或者签章，并加盖行政复议机关印章，即具有法律效力。"为调解书加盖行政复议机关印章，保障了调解协议的权威性。其二，该条第二款规定："调解未达成协议或者调解书生效前一方反悔的，行政复议机关应当依法审查或者及时作出行政复议决定。"这旨在避免调解活动陷入"调而不解"的困境，行政复议机关可以适时作出行政复议决定，既高效解决纠纷，亦促成当事人尽快达成调解协议。其三，第七十七条第二款规定："被申请人不履行或者无正当理由拖延履行行政复议决定书、调解书、意见书的，行政复议机关或者有关上级行政机关应当责令其限期履行，并可以约谈被申请人的有关负责人或者予以通报批评。"这为调解书与决定书、意见书设置了相同的执行机制，保障调解书能够得到有效执行。

本案就是通过开展行政复议全流程调解解决行政协议履行纠纷的典型案例。行政协议由双方当事人意思表示达成一致而成立，进而发生法律效力，因此，当事人违约责任的承担应首先回到协议本身寻求双方的合意。本案中，案涉协议并未明确约定违约责任如何处理。民法典第五百八十二条规定："履行不符合约定的，应当按照当事人的约定承担违约责任。对违约责任没有约定或者约定不明确，依据本法第五百一十条的规定仍不能确定的，受损害方根据标的的性质以及损失的大小，可以合理选择请求对方承担修理、重作、更换、退货、减少价款或者报酬等违约责任。"该条仅对违约责任的承担方式作出原则性指引，具体如何承担违约责任还需要结合个案情形予以考量。为了实质性化解纠纷，最好在上述原则的指引下通过双方合意承担违约责任。按照2023年修订的行政复议法的规定，行政复议机关能够在行政纠纷化解的全流程开展调解，这为解决违约责任承担方式问题提供了有力工具。本案中，在行政复议决定作出后，为了避免再次发生矛盾，行政复议机关对于行政机关如何具体落实行政复议决定中的采取补救措施，继续开展调解，最终促成各方达成合意，实质性化解了这起矛盾纠纷。

行政审判讲堂答疑

编者按 最高人民法院行政审判庭对于地方法院亟待解决的司法政策、司法理念、裁判标准等问题，通过开设“行政审判讲堂”进行立体联动，由最高人民法院行政审判庭同志通过视频方式答疑，以统一裁判理念和观点，努力实现四级法院类案同判。本书特开设“行政审判讲堂答疑”栏目，收录相关行政审判讲堂答疑内容，以供读者参考。

最高人民法院“行政审判讲堂”第一期答疑

问题1：如何理解《最高人民法院关于适用〈中华人民共和国行政诉讼法〉的解释》（以下简称《行政诉讼法解释》）第六十四条中“知道或者应当知道行政行为内容”？

答疑意见：《行政诉讼法解释》第六十四条第一款规定“行政机关作出行政行为时，未告知公民、法人或者其他组织起诉期限的，起诉期限从公民、法人或者其他组织知道或者应当知道起诉期限之日起计算，但从知道或者应当知道行政行为内容之日起最长不得超过一年。”第一，上述“知道或者应当知道行政行为内容”，应当理解为既要知道或者应当知道行政行为的内容，也要知道或者应当知道作出行政行为的行政机关。知道或者应当知道行政行为内容与侵害权利直接相关。从行政法原理上看，无论时效、期限，都应从“知道或者应当知道权利被侵害之日起算”，也就是从知道或者应当知道起诉期限之日起算。第二，被告应就原告知道起诉期限的事实承担举证责任，被告主张原告自知道或者应当知道行政行为内容及实施主体之日起已经超过一年起诉期限的，应当承担举证责任。

问题 2：对于按照 2023 年修订的行政复议法第二十三条规定应当复议前置的情形，当事人在 2024 年 1 月 1 日后起诉到法院已经超过复议期限，但未超过起诉期限的，人民法院应否受理？

答疑意见：我们认为，人民法院应当予以受理。主要理由：第一，根据法不溯及既往的原则，救济权的行使应当适用行政行为作出时的法律规范。2023 年修订的行政复议法关于复议前置的规定适用 2024 年 1 月 1 日以后作出的行政行为。对于 1 月 1 日之前的行政行为，如果适用 2023 年修订的行政复议法关于复议前置的规定，可能会剥夺当事人的诉权，这是不符合立法原意的。第二，从行政复议法修订过程中复议前置扩大的初衷来看，其目的在于给予当事人更多权利救济机会，而非限制。当事人超过复议期限的，已丧失复议申请权，复议机关可能以超过申请期限为由不予受理。当事人在 2023 年修订的行政复议法实施之前未选择复议路径，并不能否定或者剥夺其合法诉权。当事人在起诉期限内，仍可以依法提起行政诉讼。

问题 3：复议机关以原行政行为对适用法律规范的理由阐述不够明确为由，决定确认违法的，是否应当列为共同被告？

答疑意见：关于复议机关是否为行政诉讼的共同被告问题。第一，根据《行政诉讼法解释》第二十二条第一款规定：“行政诉讼法第二十六条第二款规定的‘复议机关改变原行政行为’，是指复议机关改变原行政行为的处理结果。复议机关改变原行政行为所认定的主要事实和证据、改变原行政行为所适用的规范依据，但未改变原行政行为处理结果的，视为复议机关维持原行政行为。”因此，如果复议机关仅改变了原行政行为适用的法律规范但未改变处理结果的，复议机关应为共同被告；如果复议机关不仅改变了原行政行为适用的法律规范而且改变了处理结果，则应当以复议机关为被告。第二，确认违法决定原则上属于“改变行政行为”的情形，复议机关应当作单独被告。关于复议机关认为“原行政行为对适用法律规范的理由阐述不够明确”与“复议决定确认违法”分别涉及行政复议法第六十三条、第六十四条、第六十五条及《行政诉讼法解释》第二十二条规定的正确适用问题。根据行政复议法第六十三条第一款第二项的规定，行政行为事实清楚、证据确凿、程序合法，但是未正确适用依据的，复议机关可以变更该行政行为。根据第六十四条第一款第三项的规定，行政行为适用的依据不合法的，复议机关可以撤销或者部分撤销该行政行为并责令被申请人在一定期限内重新作出行政行为。根据第六十五条第一款第一项的规定，在撤销会给国家利益、社会公共利益造成重大损害的情况下，复议机关可以确认该行政行为违法。根据《行政诉讼法解释》第二十二条第三款的规定，复议机关确认原行政行为违法，属于改变原行政行为，但复议机关以违反法定程序为由确认原行政行为违法的除外。因此，在复议决定确认原行政行为违法的情况下，复议机关是否为共同被告要依据确认违法的理由进行判断。如果复议机关认为原行政行为适用的依据不合法应予撤销，但撤销会给国家利益或社会公共利益造成重大损害而决定确认违法，属于改变原行政行为，故复议机关不是共同被告。

问题 4：业主委员会能否成为行政罚款的对象？

答疑意见：业主委员会能否直接作为行政机关罚款对象的问题，实质是业主委员会是否属于行政管理对象的问题。第一，业主委员会属于行政诉讼法规定的“其他组织”。业主委员会选举产生之后，经依照《物业管理条例》第十六条第一款“业主委员会应当自选举产生之日起30 日内，向物业所在地的区、县人民政府房地产行政主管部门和街道办事处、乡镇人民政府备案”的规定备案，就成为行政诉讼法规定的“其他组织”，也就是民法典规定的“非法人组织”。第二，司法解释明确了业主委员会作为行政相对人的原告资格。依照《行政诉讼法解释》第十八条第一款“业主委员会对于行政机关作出的涉及业主共有利益的行政行为，可以自己的名义提起诉讼”的规定，业主委员会可以为了业主共有利益，作为原告提起行政诉讼。业主委员会属于行政管理对象。例如，《物业管理条例》第十九条第二款规定：“业主大会、业主委员会作出的决定违反法律、法规的，物业所在地的区、县人民政府房地产行政主管部门或者街道办事处、乡镇人民政府，应当责令限期改正或者撤销其决定，并通告全体业主。”因此，依照行政处罚法第四条“公民、法人或者其他组织违反行政管理秩序的行为，应当给予行政处罚的，依照本法由法律、法规、规章规定，并由行政机关依照本法规定的程序实施”的规定以及其他条款的规定，业主委员会能够直接作为行政机关罚款的对象。第三，业主委员会能够履行缴纳罚款的义务。由于业主委员会是业主大会的执行机构，根据业主大会的授权对外代表业主进行民事活动，所产生的法律后果由全体业主承担，故若业主委员会可支配的财产不足以缴纳罚款的，应当依照民法典第一百零四条“非法人组织的财产不足以清偿债务的，其出资人或者设立人承担无限责任。法律另有规定的，依照其规定”的规定，由全体业主承担缴纳罚款的责任。第四，业主委员会成员的违法行为，应当以该成员为行政处罚对象。《物业管理条例》第十九条第一款规定：“业主大会、业主委员会应当依法履行职责，不得作出与物业管理无关的决定，不得从事与物业管理无关的活动。”若业主委员会系为了执行业主大会决定事项，在从事与物业管理有关的活动中违反行政管理法律规范，则应以业主委员会为行政处罚对象。若业主委员会的成员假借业主委员会的名义进行违法行为，则应以该成员为行政处罚对象。

问题5：行政机关答复该信息属于工商登记资料等信息的，应当如何裁判？

答疑意见：第一，根据《政府信息公开条例》第二十七条的规定，公民、法人或者其他组织可以向地方各级人民政府、对外以自己名义履行行政管理职能的县级以上人民政府部门申请获取相关的政府信息。实践中，就工商登记资料申请公开引发的行政案件，人民法院裁定驳回起诉或者判决驳回诉讼请求的情形均存在。根据《政府信息公开条例》第三十六条第七项的规定，对所申请公开的信息属于工商、不动产登记资料等信息，有关法律、行政法规对信息的获取有特别规定的，告知申请人依照有关法律、行政法规的规定办理。不动产登记信息、工商登记信息、户籍信息等特殊类型的政府信息，虽然也是行政机关履行行政管理职能过程中制作或者获取的，但是因为这些信息的特殊性，其申请人资格、公开对象、公开范围、公开程序等，都与其他普通的政府信息公开有明显的区别。第二，根据“特别法优于一般法”的法律适用原则，申请人依据《政府信息公开条例》的规定申请获取这方面信息的，行政机关应当告知按照有关法律、行政法规规定办理，行政机关不作为政府信息公开申请予以处理。因此，这种情况下，行政机关作出的程序性答复对当事人的权利义务不产生实际影响。根据《行政诉讼法解释》第一条第二款第十项的规定，可以裁定驳回起诉，即行政机关以当事人所申请公开信息属于工商登记资料等信息为由作出答复的，可以裁定驳回起诉。

新类型疑难案例选评

案外人朱某、杨某诉申请人辛某、被执行人张某执行异议之诉案

崔道远*

【裁判要旨】

《最高人民法院关于人民法院办理执行异议和复议案件若干问题的规定》（以下简称《执行异议和复议规定》）第二十五条是依据登记公示对案外人物权所有权的判断规定，第二十六条是对案外人依据另案生效法律文书提出排除执行异议，该法律文书认定的执行标的权利人与依照第二十五条规定得出的判断不一致时如何处理的规定。而案外人对案涉房屋的使用权和经营收益权来源于协议，系基于协议产生的债权，亦未进行登记，此时法院不应适用《执行异议和复议规定》第二十六条之规定，而应适用第二十四条、第二十五条第一款第五项之规定进行审查和判断。

* 作者单位：北京市密云区人民法院民事审判第一庭。

【案例索引】

一审：(2019) 京0118民初4492号

二审：(2021) 京03民终16号

【基本案情】

原告：朱某、杨某。

被告：辛某、张某。

原告朱某、杨某诉称：(1) 请求对北京市密云县人民法院[①] (以下简称密云法院) (2013) 密执字第2511号强制执行裁定书确定的执行标的物停止执行，并解除执行措施；(2) 案件受理费由被告承担。

事实和理由如下：第一，被执行人张某自2014年10月16日起，不再享有某综合大市场62% (6167.71平方米) 房屋的使用权和经营收益权。(1) 张某2006年6月22日与北京市密云县某镇某村民委员会 (以下简称某村委会) 签订《联合建设经营某综合大市场的协议书》，并于2009年10月31日签订《补充协议书》，双方在上述协议书中约定了相应权利和义务。(2) 2014年10月16日，张某将某综合大市场股权及所有权益无偿转让给李某。对此，张某某 (张某之前妻) 曾向北京市朝阳区人民法院提起诉讼，请求确认张某和李某的转让行为无效，北京市朝阳区人民法院依法驳回张某某全部诉讼请求，张某某上诉后，北京市第三中级人民法院维持原判。(3) 2015年2月15日、2016年1月9日和2016年5月5日，李某书面确认将《联合建设经营某综合大市场的协议书》及《补充协议书》的全部股权及所有权益转让给朱某、杨某，2016年5月23日，某村委会予以同意、认可，朱某、杨某依法取得

① 2015年11月13日，国务院下发《国务院关于同意北京市调整部分行政区划的批复》，同意撤销密云县，设立密云区。

某村58号即某综合大市场房屋使用权和经营收益权。（4）2016年11月18日，内蒙古自治区通辽市科尔沁区人民法院（以下简称科尔沁法院）作出（2016）内0502民初5152号民事判决书，确认朱某、杨某与李某签订的股权及所有权益转让书合法有效。（5）2018年9月20日科尔沁法院作出（2018）内0502民初2674号民事判决书，确认朱某、杨某享有某综合大市场62%（6167.71平方米）房屋的使用权和经营收益权。根据上述事实可以认定：张某自2014年10月16日起，不再享有某综合大市场62%房屋的使用权和经营收益权。据此，张某仅系某综合大市场原合同（2006年6月22日至2014年10月16日）的权利人。第二，密云法院作出的（2013）密执字第2511号强制执行裁定书损害朱某、杨某的合法权益。（1）辛某的执行依据是密云法院（2013）密民初字第4370号民事调解书，而密云法院（2013）密执字第2511号强制执行裁定书作出日期为2018年8月6日，其间，法院并未作出查封、冻结裁定。（2）2018年9月20日科尔沁法院作出了民事判决书（已于2018年10月发生法律效力），该判决确认朱某、杨某享有某综合大市场62%份额房屋使用权和经营收益权。（3）根据《执行异议和复议规定》第二十五条、第二十六条之规定，密云法院（2013）密执字第2511号强制执行裁定书事实认定和法律适用是错误的。

被告辛某辩称：不同意原告的诉讼请求。理由如下：第一，辛某与张某民间借贷纠纷经密云法院作出调解书，张某未履行法定义务，故辛某申请执行，其后张某在2014年10月16日将某综合大市场地上物所有权及使用收益无偿转让给李某，李某又无偿转让给朱某、杨某，张某存在故意逃避债务之嫌。而辛某在2019年朱某、杨某提出执行异议时才知道张某转让财产权益的行为。第二，2017年，朱某、杨某曾向密云法院提出所有权确认纠纷，经一审、二审后均被法院判决驳回其诉讼请求。朱某、杨某起诉张某某股权转让合同纠纷一案，亦被法院判决驳回其要求进行股权转让变更登记的诉请，因此，朱某、杨某不享有北京某百货综合市场有限公司地上物所有权、收益权和股权，张某、张某某虽然婚姻关系已经解除，但在财产未分割前仍以共有的形式享有某综合大市场62%的权益，密云法院作出查封和协助执行并无不当；朱某、杨某在密云法院败诉后持同样的诉请向科尔沁法院请求确认李某转让房屋使用权和收益权的权属纠纷判决违背一事不再理原则，故不应以科尔沁法院（2018）内0502民初2674号民事判决作为本案审理依据。第三，依据《执行异议和复议规定》第二十六条规定，朱某、杨某所持科尔沁法院判决书不是其与被执行人张某之间确认房屋使用权和经营收益权的权属纠纷判决，而是其与李某之间的判决，因此不应获得支持。综上所述，请法院依法驳回朱某、杨某的诉讼请求。

被告张某未发表答辩意见。

法院经审理查明：2013年辛某以民间借贷纠纷为由将张某诉至密云法院，要求偿还借款162万元及利息和违约金。2013年7月30日，密云法院作出（2013）密民初字第4370号民事调解书，内容如下：张某于2013年8月15日前给付辛某160万元；如逾期至2013年10月15日给付，张某需向辛某按中国人民银行同期贷款利率的四倍支付利息；如张某在2013年10月15日内仍未给付辛某欠款160万元及利息，除仍按中国人民银行同期贷款利率四倍向辛某支付利息外，需再支付违约金50万元。

依辛某的执行申请，密云法院以（2013）密执字第2511号立案执行。2018年8月6日，密云法院作出（2013）密执字第2511号强制执行裁定书，裁定：将张某在某村委会与其《联合建设经营某综合大市场的协议书》约定的份额收益予以查封，由密云法院执行局支取以偿还申请人辛某案款。同日，发出协助执行通知书。

2019年1月21日，案外人朱某、杨某对查封张某名下收益提出书面异议，要求解除查封，密云法院于2019年3月26日作出（2019）京0118执异54号执行裁定书，驳回案外人朱某、杨某执行异议申请。之后，朱某、杨某提起案外人执行异议之诉。

另查明，张某与张某某原系夫妻关系。两人于 1983 年 2 月 23 日登记结婚，于 2016 年 1 月 28 日经内蒙古自治区呼和浩特市新城区人民法院调解解除婚姻关系。

2006 年 6 月 22 日，某村委会（甲方）与张某（乙方）签订《联合建设经营某综合大市场的协议书》，约定：双方联合建设、经营某综合大市场，其占地面积 6504. 55 平方米，建筑面积 8600 平方米。某综合大市场建成后，地上物所有权及土地使用权归甲方，按实际建筑面积的 38%归甲方使用、62%归乙方使用，使用期限三十年，具体使用面积分配等另行签订补充协议。

2009 年 10 月 31 日，某村委会与张某签订了《补充协议书》，约定：（1）将《联合建设经营某综合大市场的协议书》中涉及的四亩国有划拨土地的使用权和六亩集体土地性质的使用权按照法律规定的程序一并将十亩土地变更为以出让方式取得国有土地使用权，对土地权属进行变更，在办理该宗土地转变为国有出让方式的事宜过程中，甲方协助乙方提供相关手续，费用由乙方负担；（2）将《联合建设经营某综合大市场的协议书》中的第二条第一款变更为，综合大市场建成后，地上物的所有权及土地使用权按甲方 38%、乙方 62%的分配比例使用；（3）将《联合建设经营某综合大市场的协议书》中的第二条第二项的使用期限从三十年变更为长期使用；（4）将《联合建设经营某综合大市场的协议书》中的第六条第三款变更为，合同期满，地上物的所有权及使用权按甲方 38%、乙方 62%的比例分配。

2010 年 9 月 14 日，张某某与某村委会出资成立北京某百货综合市场有限公司，公司登记股东为张某某（出资 24. 8 万元）与某村委会（出资 15. 2 万元），注册资本共计 40 万元，2014 年 3 月，经登记机关核准更名为某商贸公司。某商贸公司管理某综合大市场和收取租金等事宜。

2014 年 10 月 16 日，张某在《联合建设经营某综合大市场的协议书》及《补充协议书》下方写明“同意将股权及所有权益转让给李某（身份证号）。张某，2014 年 10 月 16 日”字样，后分别记载有某村委会主任曹某签名并加盖有某村委会的公章。

2015 年，张某某将张某、李某诉至北京市朝阳区人民法院，请求确认张某与李某签订的关于某综合大市场的转让协议无效。北京市朝阳区人民法院于 2015 年 5 月 19 日作出（2015）朝民初字第 03912 号民事判决，驳回张某某的全部诉讼请求。张某某提出上诉，北京市第三中级人民法院于 2015 年 12 月 31 日作出（2015）三中民终字第 12203 号民事判决，驳回张某某上诉，维持原判。

2016 年 5 月 5 日，李某于内蒙古自治区通辽市哲里木公证处（以下简称哲里木公证处）签署《股权及所有权益转让书》，哲里木公证处于同日出具公证书，证明李某在《股权及所有权益转让书》上签字、按手印均属实。《股权及所有权益转让书》载明内容包括：李某同意将张某已无偿转让给李某的北京市密云区某镇某村某综合大市场的股权及所有权益无偿转让给朱某、杨某，朱某、杨某依法享有原张某名下及其李某名下全部股权及所有权益，用于解决支付农民工工资问题等。朱某、杨某提交的《股权及所有权益转让书》背面亦手写载明“同意：张某转给李某的某综合大市场地上物 62% 的股权转给朱某。曹某，2016/5/23”，并加盖某村委会公章。

2016 年 9 月 1 日，朱某、杨某将李某诉至科尔沁法院，请求确认《股权及所有权益转让书》合法有效。科尔沁法院于同年 11 月 18 日作出（2016）内 0502 民初 5152 号民事判决书，确认朱某、杨某与李某于 2016 年 5 月 5 日签订的《股权及所有权益转让书》合法有效。

2017 年 1 月 6 日，朱某、杨某以股权转让合同纠纷为由将张某某诉至密云法院，要求张某某协助朱某、杨某办理北京某商贸有限公司 62% 股权变更登记手续并赔偿朱某、杨某租金损失。密云法院于 2017 年 8

月7日作出（2017）京0118民初576号民事判决书，认定张某与李某签订转让协议，李某与朱某、杨某签订转让协议，承诺转让股权，均未经张某某授权，对张某某不发生法律效力，判决驳回朱某、杨某的全部诉讼请求。

关于某综合大市场范围内土地及地上物权属问题，2016年1月26日，张某某曾以所有权确认纠纷为由将张某诉至密云法院，案号为密云法院（2016）京0118民初958号，该案审理过程中查明，某综合大市场占地面积为6504.55平方米，其中2931.1平方米的土地性质为国有土地。经向某村委会核实，某村委会表示案涉土地部分性质为国有土地，部分性质为集体土地，其中集体土地没有土地使用权证，因张某未按约交纳土地性质变更费用，故案涉土地性质仍未发生变更，案涉土地上所建设的房屋没有合法建设审批手续亦没有取得所有权证书。

2017年11月3日，朱某、杨某将李某以所有权确认纠纷为由诉至密云法院，请求确认位于北京市密云区某镇某村的某综合大市场建筑面积8600平方米地上物（房屋）62%的所有权、使用权及市场经营收益权归朱某、杨某所有。2017年12月25日，密云法院作出（2017）京0118民初10160号民事判决书，驳回朱某、杨某全部诉讼请求。朱某、杨某提起上诉，2018年2月24日北京市第三中级人民法院作出（2018）京03民终2010号民事判决书，驳回上诉，维持原判，其理由为：案涉土地部分性质为国有土地，部分性质为集体土地，其中集体土地没有土地使用权证，且案涉土地上所建设的房屋没有相应建设规划审批手续亦没有取得所有权证书，因此案涉房屋尚不具备确认所有权归属的基本条件。所有权包含对标的物的依法占有、使用、收益及处分，杨某、朱某所主张的涉诉房屋的使用权和经营收益权均属于所有权的一项权能，在涉诉房屋所有权尚未确定的情况下，不宜单独确认其使用权和经营收益权。

2018年9月20日，科尔沁法院对朱某、杨某与李某、第三人某村民委员会用益物权纠纷案，以（2018）内0502民初2674号民事判决书作出判决：朱某、杨某具有北京市密云区某镇某综合大市场二层商业楼（南北走向、砖混结构、商业用途、地上二层）北侧西端点向南79.86米、北侧东端点向南85.90米、东西宽45.34米，建筑面积6167.71平方米的地上物房屋（总建筑面积9947.92平方米×62%）的使用权和经营收益权。

【裁判结果】

密云法院经审理认为：人民法院对案外人提出的排除执行的异议，应当就案外人是否为被查封标的的权利人，该权利能否排除强制执行等进行审查。对此，分析如下：第一，涉诉某综合大市场地上物（房屋）62%的相关权益系张某在与张某某夫妻关系存续期间取得，虽然张某某所提确认张某与李某所签某综合大市场转让协议无效的诉讼请求被一审、二审法院判决驳回，但不能据此认定李某已经取得张某对某综合大市场地上物所有权及土地使用权所享有的62%的所有权。朱某、杨某亦不能因与李某签订《股权及所有权益转让书》即取得该某综合大市场的相关权利。第二，依据《执行异议和复议规定》第二十六条第一款规定，“金钱债权执行中，案外人依据执行标的被查封、扣押、冻结前作出的另案生效法律文书提出排除执行异议，人民法院应当按照下列情形，分别处理：（一）该法律文书系就案外人与被执行人之间的权属纠纷以及租赁、借用、保管等不以转移财产权属为目的的合同纠纷，判决、裁决执行标的归属于案外人或者向其返还执行标的且其权利能够排除执行的，应予支持；（二）该法律文书系就案外人与被执行人之间除前项所列合同之外的债权纠纷，判决、裁决执行标的归属于案外人或者向其交付、返还执行标的的，不予支持……”。本案中，朱某、杨某所依据的科尔沁法院（2016）内0502民初5152号民事判决书、科尔沁法院（2018）内0502民初2674号民事判决书，系基于朱某、杨某与李某之间的权属纠纷，而非就朱某、杨某与被执行人张某之间的权属纠纷所作出的判决。综上所述，朱某、杨某并非被查封标的的权利人，其依据科尔沁法院所作（2016）内0502民初5152号民事判决书、（2018）内0502民初2674号民事判决书等证据，不能证明其享有足以排除强制执行的民事权益，对其二人的诉讼请求不予支持。

一审宣判后，朱某、杨某不服，上诉至北京市第三中级人民法院。北京市第三中级人民法院经审理认为：本案核心争议焦点为朱某、杨某就执行标的是否享有足以排除强制执行的民事权益。《执行异议和复议规定》第二十四条规定："对案外人提出的排除执行异议，人民法院应当审查下列内容：（一）案外人是否系权利人；（二）该权利的合法性与真实性；（三）该权利能否排除执行。"根据本案查明的事实，张某与某村委会签订《联合建设经营某综合大市场的协议书》及《补充协议书》，约定双方联合建设、经营某综合大市场，并约定了份额等内容。但因案涉土地部分性质为国有土地，部分性质为集体土地，其中集体土地没有土地使用权证，且案涉土地上所建设的房屋没有相应建设规划审批手续亦没有取得所有权证书，案涉房屋尚不具备确认所有权归属的基本条件，因此，张某对案涉房屋的使用权和经营收益权的来源系与某村委会的前述协议，该权利应属于债权范畴。2014年10月，张某将其享有的上述权益转让给李某，并经过某村委会的确认同意。张某某虽在2015年起诉张某、李某要求确认其二人签订的关于某综合大市场的转让协议无效，但经北京市朝阳区人民法院、北京市第三中级人民法院驳回其诉讼请求。2016年李某又将该合同权益转让与朱某、杨某，亦经过科尔沁法院确认转让协议合法有效。张某原享有的对某综合大市场房屋的使用权和经营收益权已转让给朱某、杨某。因此，朱某、杨某的主张符合《执行异议和复议规定》第二十四条的规定，应予支持。

[评析]

案外人基于协议产生的债权提出排除执行异议的审查规则

本案的争议焦点为案外人朱某、杨某就对某综合大市场的房屋是否享有权利并能够排除强制执行。如果案外人就执行标的享有足以排除强制执行的民事权益的，则法院判决不得执行该执行标的；如果案外人就执行标的不享有足以排除强制执行的民事权益的，则法院判决驳回诉讼请求。本案中，通过一审、二审判决来看，需要解决的问题有以下三个：一是捋清《执行异议和复议规定》第二十四条、第二十五条和第二十六条的关系；二是审查朱某、杨某就案涉房屋是否享有权益，权益性质为何；三是判断案外人的权益能否排除执行。

一、大前提的确定：法律规范的释义与解读

在法律推理的三段论中，结论的正确性取决于大前提的正确性，故要正确地选择大前提，而大前提的正确性是由法律解释与法律补充方法的正确性决定的。恰恰因为语言文字的模糊性，“不能期待会获得一种单凭涵摄即可解决问题的规则”，[①]“法律适用不只而且主要也不是一种三段论法”，[②] 在选择大前提和将小前提归入大前提时，需对法律进行合理解释。法律必须经由解释，始能适用。[③] 只有正确地了解法律规范的真实含义，才能正确地加以适用。“找法”过程中，大前提寻找错误，会造成缺乏涵摄的大前提。援引其他规范会导致法律适用错误，援引法律原则（向一般条款逃逸）会导致判决说服力低下，援引不完全

① ［德］卡尔·拉伦茨：《法学方法论》，陈爱娥译，商务印书馆 2003 年版，第 286 页。

② ［德］考夫曼：《法律哲学》，刘幸义等译，法律出版社 2005 年版，第 72 页。

③ 参见王泽鉴：《民法思维：请求权基础理论体系》（2022 年重排版），北京大学出版社 2009 年版，第 160 页。

法条则不能发挥法律规范的真正功效。在本案的审理中，一审法院适用《执行异议和复议规定》第二十六条的规定，而二审法院适用《执行异议和复议规定》第二十四条的规定，均未适用第二十五条的规定，因此，笔者认为首先要捋清三个条文的内涵与条文之间的关系。

1. 关于《执行异议和复议规定》第二十四条规定的解读

案外人主张的虽然是实体权利，但是案外人异议之诉和普通民事审判程序的审查重点并不一致。普通民事审判程序侧重审查静态权利是否成立，而案外人异议之诉程序除了审查权利是否成立，还要进行动态判断即权利能否排除执行。[①]《执行异议和复议规定》第二十四条规定确立了案外人异议之诉的具体审查内容为：第一，案外人是否系权利人。如果案外人与所主张的实体权利缺乏法律上的直接利害关系，则其在法律上没有实益。第二，权利是否合法与真实。权利来源应当合法，且案外人权利应当真实存在。第三，权利能否排除执行。如案外人虽然对执行标的享有所有权，但是申请人系抵押权人，则其所有权不能阻止强制执行。

2. 关于《执行异议和复议规定》第二十五条规定的解读

该条文是判断案外人是否系权利人的依据，其第一款前四项规定分别对“已登记的不动产”“未登记的建筑物、构筑物及其附属设施”“已登记的机动车、船舶、航空器等特定动产”“未登记的特定动产和其他动产”“银行存款和存管在金融机构的有价证券”“由具备合法经营资质的托管机构名义持有的有价证券”“股权”的权利人判断标准予以明确。该条第一款第五项则进行了兜底式规定即“其他财产和权利，有登记的，按照登记机构的登记判断；无登记的，按照合同等证明财产权属或者权利人的证据判断”；而该条第二款则进行了转引式规定即

① 参见刘贵祥、范向阳：《〈关于人民法院办理执行异议和复议案件若干问题的规定〉的理解与适用》，载《人民司法》2015年第11期。

“案外人依据另案生效法律文书提出排除执行异议，该法律文书认定的执行标的权利人与依照前款规定得出的判断不一致的，依照本规定第二十六条规定处理”。

通过第二十五条可以明确的是以下两点：其一，对于其第一款前四项规定没有穷尽的其他财产，例如，商标权、著作权、债权，有登记的，按照登记判断；无登记的，则按照当事人之间的合同、持有财产的情况等证据进行判断。[①] 其二，案外人依据另案生效法律文书主张异议时，如果该法律文书确定的实体权利与依照该条第一款规定得出的判断结论不一致的，例如案外人依照民法典第一百二十九条规定对执行标的主张排除执行的实体权利，人民法院应依照《执行异议和复议规定》第二十六条规定处理。[②]

3. 关于《执行异议和复议规定》第二十六条规定的解读

该条根据申请执行的债权种类、另案生效法律文书作出时间、基础法律关系的性质规定了不同的效力。(1) 金钱债权的执行。若另案生效法律文书作出于执行标的查封之前，则根据纠纷的基础法律关系区分为以下两种情况：一是“案外人与被执行人之间的权属纠纷以及租赁、借用、保管等不以转移财产权属为目的的合同纠纷，判决、裁决执行标的归属于案外人或者向其返还执行标的且其权利能够排除执行的”，则排除执行；二是“案外人与被执行人之间除前项所列合同之外的债权纠纷，判决、裁决执行标的归属于案外人或者向其交付、返还执行标的的”，则不能排除执行。若另案生效法律文书作出于执行标的查封之后，则不论其主文内容是什么，由于申请执行人并未参加该程序，基于既判力主观范围的限制，对其并无约束力。法院在异议审查程序中，不

① 参见刘贵祥、范向阳：《〈关于人民法院办理执行异议和复议案件若干问题的规定〉的理解与适用》，载《人民司法》2015年第11期。

② 参见江必新、刘贵祥主编：《最高人民法院执行最新司法解释统一理解与适用》，中国法制出版社2016年版，第193页。

受该法律文书的限制，亦不应支持案外人的异议。（2）对于交付特定物的执行等非金钱债权执行，若案外人依据另案生效法律文书提出排除执行异议，而该法律文书对执行标的权属作出了与执行依据不同的认定，实际上是两个执行依据出现冲突，案外人的异议实质上属于对执行依据本身的异议，应当通过再审、第三人撤销之诉等程序解决。

4. 上述三个条文之间的关系解读

《执行异议和复议规定》第二十四条是审查案外人异议之诉能否成立（包含三个审查要件）的基础依据，第二十五条只是判断案外人是否为权利人（其中一个审查要件）的判断标准，而第二十六条则是对案外人依据另案生效法律文书提出排除执行异议，该法律文书认定的执行标的权利人（其中一个审查要件）与依照第二十五条规定得出的结果不一致时的处理规定。

二、小前提的确定：案外人权益的来源与界定

法律适用的过程本质上就是将某个生活事实归入某个法律概念之下的逻辑涵摄过程。[①] 抑或，司法过程就是将抽象的法律条文适用到具体的案件事实中的过程。[②] 案件事实的认定是司法裁判活动的重要组成部分，是法官进行审判的关键一环。本案的事实认定主要牵涉两个问题：一是案外人的权益究竟是何种权利；二是案外人权益获取的过程和结果是否真实合法。

1. 基础权益系物权抑或债权

物权具有排他属性，如果没有通过公示方式将物权表现出来，就会给第三人带来损害，影响交易安全。物权的公示方法由法律明确规定，

① 参见［德］卡尔·拉伦茨：《德国民法通论》，王晓晔等译，法律出版社2003年版，第96页。

② 参见葛洪义主编：《法律方法论》，中国人民大学出版社2013年版，第81页。

不能由当事人随意创设。不动产物权的公示方式是不动产登记，是借助国家登记方式，将不动产权利纳入不动产登记簿，从而使得相关主体知悉这些权利的存在，并使得这些权利获得法律的承认和保护。我国民法典对物权的设立、变更、转让和消灭均作出了具体规定，与物权法的相关规定一脉相承。依据物权公示原则，公示是物权设立和变动的基本条件。凡是法律规定需要完成公示程序的，则公示的完成是物权设定和变动的基本条件。凡是法律规定需要完成公示程序的，则公示的完成是物权设定和变动的必经步骤。① 张某在与某村委会签订《联合建设经营某综合大市场的协议书》及《补充协议书》后，获得相应份额和权益，但因案涉土地部分性质为国有土地，部分性质为集体土地，其中集体土地没有土地使用权证，且案涉土地上所建设的房屋没有相应建设规划审批手续亦没有取得所有权证书，案涉房屋尚不具备确认所有权归属的基本条件，也就是说其未能完成法律所规定的物权设立所需要完成的公示程序，故而案涉房屋不具备确认所有权归属的前提条件。因此，张某对案涉房屋的使用权和经营收益权并非来源于物权，而是来源于与某村委会签订的《联合建设经营某综合大市场的协议书》及《补充协议书》，该权利应属于债权范畴。

法定的权利公示方法固然稳妥，但也有一定不足之处，对于那些没有法定公示方法的权利，如本案中的债权，就其性质而言是相对权和请求权，并不需要公示，但是其又具有财产属性，如何识别权利则成为问题，《执行异议和复议规定》第二十五条规定也认可执行标的在无登记情况下，根据合同等证明财产权属或者权利人的证据进行实体审查。

2. 转让协议系有效抑或无效

张某某曾起诉张某、李某要求确认其二人签订的关于某综合大市场的转让协议无效，但被北京市朝阳区人民法院、北京市第三中级人民法

① 参见王利明：《物权法研究》，中国人民大学出版社2007年版，第173页。

院驳回其诉讼请求。确认合同有效纠纷和确认合同无效纠纷是合同效力问题的一体两面，本质上都涉及法律对合同的评价，① 因此经过法院审查后未发现转让协议无效情形时，张某、李某签订的转让协议即为有效；而李某将该合同权益转让给朱某、杨某，亦经科尔沁法院判决确认转让协议合法有效，且科尔沁法院在（2018）内0502民初2674号民事判决书中确认了朱某、杨某具有北京市密云区某镇某综合大市场二层商业楼北侧西端点向南79.86米、北侧东端点向南85.90米、东西宽45.34米，建筑面积6167.71平方米的地上物房屋的使用权和经营收益权。因此，经过债权的连续有效转让后，张某原享有的对某综合大市场房屋的使用权和经营收益权已转让至朱某、杨某，张某不再享有上述权益。

综上所述，张某对案涉房屋的使用权和经营收益权的来源系与某村委会的《联合建设经营某综合大市场的协议书》及《补充协议书》，该协议导致张某权利的产生，其权利性质为债权。而张某、李某签订转让协议，李某又与朱某、杨某签订转让协议则直接导致了权利主体的变更，即达到了张某将权利转让给李某，李某又将权利转让给朱某、杨某的法律效果。

三、法律的适用：规范和事实的比对与论证

“适法”过程中往往存在以结论代替说理的情况，如文书直接载明：“原告关于……的诉讼请求，与法律规定不符，本院不予支持。”如此，缺乏“比对”即“目光在规范要件与案件事实之间交互流转”的过程，常见现象是法律适用与事实认定没有关联，对司法裁量的理由（如考量因素）缺乏论证，其问题根源就在于比对过程的说理不足。这会导致两种倾向：一是偏离本案事实的适用法律错误；二是偏离本案事

① 参见索宏刚主编：《类型化案件审判指引·商事卷》，人民法院出版社2019年版，第23页。

实和法律适用的裁判结果错误。

1. 大小前提的勾连

将法律构成要件与案件事实进行一一细致比对，确认大前提、小前提是否匹配。比对过程需要分析构成要件，使它面向案件事实具体化，也需要分析案件事实，使它面向构成要件类型化。这项工作可能需要反复进行多次，直到系争事实可以同构成要件进行充分比较时，也就足以作出判断，构成要件对系争事实是否有意义。① 一是向当事人展示“符合法律规定”还是“违反法律规定”的理由，而非主观意志的强加。二是目光往返审视就是法律逻辑和价值判断结合解释适用法律的过程，根据法律规范构成要件与法律事实进行比对，形成法律效果则水到渠成。

一审法院选择适用《执行异议和复议规定》第二十六条规定，因朱某、杨某所依据的科尔沁法院（2016）内 0502 民初 5152 号民事判决书、科尔沁法院（2018）内 0502 民初 2674 号民事判决书，系基于朱某、杨某与李某之间的权属纠纷，而非就朱某、杨某与被执行人张某之间的权属纠纷所作出的判决，故而得出本案情形与《执行异议和复议规定》第二十六条第一款第一项规定不相符合的结论，从而认定不能排除执行。但是《执行异议和复议规定》第二十五条规定主要是依据登记公示对物权所有权进行判断，第二十六条规定是对案外人依据另案生效法律文书提出排除执行异议，该生效法律文书认定的执行标的权利人与依照第二十五条规定得出的判断不一致时的处理规定。通过“大前提的确定”“小前提的确定”的分析，笔者认为朱某、杨某针对案涉执行标的的权益系基于协议产生的债权，亦没有进行公示，不能适用《执行异议和复议规定》第二十六条之规定，应按照第二十五条第一款第五项之规定“其他财产和权利，有登记的，按照登记机构的登记判

① 参见张俊浩主编：《民法学原理》，中国政法大学出版社 1991 年版，第 51 页。

断；无登记的，按照合同等证明财产权属或者权利人的证据”作出审查判断，进而依据第二十四条之规定判断案外人提出的排除执行异议能否成立。

2. 法律解释的论证

法学上的论证是一种规范的论证，不在于证明真理的存在，而在于证明某种法律规范适用的妥当性和正确性。[①] 法律解释的论证意在通过多层次思维和多视角考察验证法律解释的合理性。值得强调的是：其一，基于当事人已经对法律规范提出的疑虑，且以此进行反思、论证和辨析；其二，阐明法律规范为什么被这样解释或被怎么实施，以证明其对法律的适用是有效的。

本案中，关于案外人的实体权益分析如下：一是“其他财产和权利”无登记的，按照合同等证明财产权属或者权利人的证据判断，案外人主张实体权利的其他财产和财产权利，如果该财产和财产权利并无登记这一权利公示方法的，应按照合同等导致权利设立、变更、消灭的相关事实，审查判断案外人异议之诉是否成立。张某与某村委会签订《联合建设经营某综合大市场的协议书》及《补充协议书》后，张某的权益从而设立，而张某、李某之间的权益转让，以及李某与朱某、杨某之间的权益转让均有书面合同为证，并且得到某村委会的认可和同意；二是张某、李某之间的转让协议，李某与朱某、杨某之间的转让协议均经过法院生效法律文书认定为有效，并且科尔沁法院也确认了朱某、杨某对某综合大市场的房屋享有使用权和经营收益权，从而对朱某、杨某的权益的真实性与合法性进行了确认。综上所述，笔者认为，依据《执行异议和复议规定》第二十四条、第二十五条之规定，朱某、杨某系案涉执行标的的权利人，该权利真实合法，可以排除执行。

---

① 参见王泽鉴：《民法思维：请求权基础理论体系》（2022年重排版），北京大学出版社2009年版，第150页。

最新法律文件解读丛书

稿　约

最新法律文件解读丛书是一套以为最新法律规范提供同步“解读”为主的系列丛书，分为刑事、民事、商事、行政与执行4个分册，按月出版。

本丛书以“解读”为重点，突出全、专、新、快、准等特点，通过对最新出台的法律、法规、司法解释、部门规章以及重要地方性法规进行同步动态解读，弥补了法律、法规、司法解释汇编类出版物没有同步阐释、解读内容的不足，为广大读者学习理解最新法律规范，正确贯彻执行法律文件，及时解决实践中的新情况、新问题，提供一个全方位、多层面的法律信息平台。

欢迎您向以下栏目赐稿：

【最新法律文件解读】主要是对最新颁行的法律文件进行解读，帮助司法和执法人员正确理解法律文件的立法背景、意义、重点内容、在适用中应注意的问题、与相关法律文件的衔接与互动关系等。

【司法实务问题研究】主要刊登对司法理论、实务及司法管理工作中的热点、疑难问题进行研究及评论的文章。

【新类型疑难案例选评】主要是对司法和行政执法实践中具有典型性和代表性的疑难案例，结合具体案情以及审理或处理结果进行简练精辟的点评，解析认识问题的方法、处理问题的法律依据和在个案中的具体适用。

【法学前沿与新视点】以摘要的形式刊登相关法学理论研究的最新动态及具有代表性和典型性的前沿问题，扩展法学研究的深度和广度。

【法律适用问题解答】主要针对司法和行政执法实践中面临的新问题、热点问题、疑难问题进行简要的解答，指出涉及的法律关系，明确法律适用依据。

稿件一经刊用即付稿酬，稿酬从优。

《刑事法律文件解读》　周　敏　邮箱：xingshijiedu@163.com

《民事法律文件解读》　杨　洁　邮箱：1216921515@qq.com

《商事法律文件解读》　路建华　邮箱：shangshijiedu@126.com

《行政与执行法律文件解读》　丁塞峨　邮箱：1290312696@qq.com

人民法院出版社

最新法律文件解读丛书编辑部